Amédée GASTOUÉ

VARIATIONS

SUR LA

MUSIQUE D'ÉGLISE

PARIS

AU BUREAU D'ÉDITION DE LA « SCHOLA »

269, rue Saint-Jacques, 269

—

1913

Amédée GASTOUÉ

VARIATIONS

SUR LA

MUSIQUE D'ÉGLISE

PARIS

AU BUREAU D'ÉDITION DE LA « SCHOLA »

269, rue Saint-Jacques, 269

—

1912

VARIATIONS SUR LA MUSIQUE D'ÉGLISE

Le nouveau Psautier de Pie X
et la réforme de l'Office

Un nouveau chapitre s'ajoute à l'histoire du Bréviaire et de l'Antiphonaire. Par la bulle *Divino afflatu*, en date du 1ᵉʳ novembre 1911, Pie X promulgue une nouvelle disposition dans l'ordre du psautier hebdomadaire, et, en même temps, édicte toute une suite de règles pratiques qui modifient les « rubriques » actuellement en usage. Le but de cette réforme — car c'en est une, et fort importante — est double : faciliter au clergé l'observation du précepte de l'office quotidien en débarrassant cet office de longueurs et de surcharges ; mais en même temps, en le ramenant le plus près possible des traditions antiques.

Il y a donc là, déjà, tout un plan immense ; le passé, en effet, n'est plus ; certaines évolutions ont modifié les conditions de la vie ; cependant, c'est de tout le passé qu'est fait le présent, et par là même l'avenir. Un « rajeunissement » des traditions humaines ne saurait ainsi être fécond, qu'en ramenant ces traditions mêmes à leur source, en les allégeant de tout ce qui, au cours des âges, a contribué à les alourdir, en maintenant, par contre, les développements légitimes parmi lesquels elles ont évolué. La réalisation d'un tel plan demande donc un tact infini. Pie X, cependant, l'a tenté, et, entre les solutions possibles, s'est arrêté à celle qui aura bientôt force de loi.

La collection des cent cinquante psaumes recueillis ou composés, dans les siècles qui précédèrent l'ère chrétienne, pour l'usage du Temple de Jérusalem, a toujours été considérée, au point de vue littéraire, comme le plus vaste et le plus beau monument de la lyrique religieuse, et, au point de vue ascétique, comme le plus sublime aliment de la piété. Aussi, eut-on toujours dans l'estime la plus profonde le recueil des psaumes ; toute évolution religieuse, dans la tradition juive ou chrétienne, fut toujours accomplie le psautier en mains.

Le psautier, en effet, par cela qu'il est à la base de l'office divin, en dehors du côté spéculatif, est toujours d'un intérêt pratique immédiat. Dans l'ancienne Loi, comme dans la Synagogue moderne, ce qu'on appela plus tard chez nous les « heures canoniales » est déjà réglé, quant aux principaux offices, par l'emploi de psaumes bien déterminés ; le reste du recueil est laissé au libre usage des lévites, pour les autres parties du service divin, ou au choix de ceux qui désirent en faire l'aliment de leur piété. La primitive Église chrétienne, continuatrice et héritière de l'ancienne Synagogue, en adopta les usages : l'invitatoire, les vigiles, les laudes matutinales, furent, dans leurs grandes lignes et un grand nombre de détails, fixés ainsi dès l'origine [1]. Les premiers solitaires avaient accoutumé de faire du psautier entier, des cinq livres des psaumes, la nourriture *quotidienne* de leurs exercices religieux. Mais, comme le fait remarquer saint Benoît dans sa *Règle*, il ne peut s'agir là que d'une exception : on ne saurait l'imposer à tout homme. Il suffit que celui qui a fait profession dans la « *schola* du service divin » parcoure en une semaine le cycle du psautier. Lors donc de l'organisation complète de la prière chrétienne, à partir du ive siècle, si les solitaires usaient du psautier quotidien, on régla les « heures » du jour et de la nuit sur la base du psautier hebdomadaire.

Toutefois, pendant longtemps, à part les points d'observance commune, la manière d'attribuer le reste du psautier aux divers offices de la semaine fut laissée à la discrétion de chaque église. On eut donc diverses variétés. A l'office de nuit, par exemple, l'ordre monastique a douze psaumes à chacun des deux premiers nocturnes, et des cantiques de l'Écriture au troisième ; aux vêpres, quatre psaumes. Dans le rite romain séculier, aux dimanches et aux fêtes, il y eut, dès au moins la période qui s'étend entre le ve et le viiie siècle, trois nocturnes, de trois *antiennes* chacun, et cinq psaumes à vêpres. En Gaule, divers monastères chantaient un nombre variable de psaumes suivant la saison, comme sept en septembre, huit en octobre, neuf en novembre, etc. [2]. Tout cela basé toujours sur l'observation du psautier hebdomadaire, sauf à Milan, où le psautier fournit deux semaines.

Mais, peu à peu, le dessein de donner plus de place à la célébration des anniversaires des martyrs, fêtés uniquement d'abord dans leur église propre, vint adjoindre un élément nouveau à l'usage ancien. A côté des psaumes fixés pour chaque jour de la semaine, il y eut ceux de l'office en l'honneur du saint du jour : on eut ainsi des offices *doubles* [3]. D'où surcharge ; d'où bientôt conflit : qui l'emporterait, en effet, de l'office quotidien, dans lequel les accents du psautier complet reviennent chaque semaine, ou de l'office sanctoral, où les mêmes psaumes sont indéfiniment répétés ? Si nous joignons à cela les diverses adjonctions de la piété, vers la fin du moyen âge, psaumes pénitentiaux, psaumes

---

1. On me permettra de renvoyer ici à mes *Origines du chant romain*, où j'ai traité la question dans tout son détail.
2. Cf. mon *Histoire du chant liturgique à Paris*.
3. Voir Batiffol, *Histoire du bréviaire romain*.

graduels, petits offices de la Vierge, « suffrages » divers, nous nous expliquerons qu'au xve siècle tant de clercs étaient négligents dans l'observation du bréviaire, qui contient le texte des offices.

Au xvie siècle, la correction du Bréviaire romain par Pie V posa une règle qui parut sage. En réduisant considérablement le nombre des fêtes des saints, on adopta l'usage mis en vigueur à la Cour romaine par les Franciscains, de dire l'office sanctoral seul aux jours de fêtes, et l'office quotidien les autres jours. La règle est restée en vigueur jusqu'à présent. Mais, dans la pratique, une nouvelle multiplication des fêtes réduisit l'office de semaine et même dominical à peu près à rien, de sorte que tout se retrouvait mis en question.

En France, au xviiie siècle, les auteurs des nouveaux bréviaires, condamnables à tant de titres, eurent cependant l'idée, heureuse en elle-même, malheureuse dans son application, de donner une nouvelle organisation du psautier qui pût remédier à cet état de choses. Je ne mentionnerais pas ces compilations défectueuses si Pie X, sachant extraire le bon grain du milieu de l'ivraie, n'avait précisément utilisé cette idée, ainsi qu'on le dira tout à l'heure.

Il y a une cinquantaine d'années, la réforme du bréviaire revint à l'ordre du jour. Au Concile vatican de 1870, un certain nombre d'évêques sollicita de Pie IX une solution de la question ; l'interruption du Concile reporta celle-ci à plus tard. Ce fut heureux : le clergé, alors, n'envisageait guère une telle réforme que comme réduction de l'office ; l'introduction progressive des « offices votifs de semaine », terminée en 1883, laisse entrevoir ce qu'elle eût pu être.

Mais le mouvement grégorien, qui naissait alors, allait bientôt englober le reste de la liturgie ; le chant liturgique, auxiliaire de la piété, forme officielle de la prière chantée, mène tout naturellement, de l'amour de ses dessins mélodiques, à celui des textes eux-mêmes qui les ont inspirés. Partout la culture grégorienne s'unit à l'intérêt liturgique ; de la réforme de la psalmodie chantée, allait naître, tout naturellement, le désir de reprendre les accents divers du psautier complet. Aussi, depuis peu d'années, le Saint-Siège était-il saisi de demandes diverses en ce sens ; et nous sommes heureux d'avoir à constater que la France y prit une place prépondérante. Un rapport remarquable du si regretté M. le chanoine Al. Grospellier attira tout d'abord sur le sujet l'attention de la Congrégation des Rites ; son auteur fut félicité vivement, et les idées qu'il exposait, envisagées avec intérêt par la Curie romaine. Il y a quelques années, la défunte revue *la Vie de la Paroisse* s'en occupa activement, sous la direction du R. P. Dom Besse ; enfin une supplique plus pressante de Mgr Foucault, des rapports, si je ne me trompe, du Rme Dom Guépin et de Mgr du Botneau, la coïncidence de la préparation de l'Antiphonaire vatican, décidèrent Pie X, trop heureux d'accueillir des projets qui cadraient si bien avec ses propres idées.

Telle est la genèse de cette réforme.

La question se posait donc ainsi devant le Souverain Pontife, et on m'excusera d'y revenir :

1° Concilier la tradition avec les nécessités nouvelles ;

2° Reprendre le psautier hebdomadaire sans supprimer les fêtes des saints.

Pie X l'a résolue d'une manière fort simple : *a*) le dimanche l'emporte désormais sur les fêtes doubles majeures et au-dessous, qui seront ainsi, ces jours-là, remplacées par une simple commémoraison ; *b*) en semaine, tous les psaumes avec leurs antiennes (sauf pour les fêtes importantes) seront ceux de la « férie » ; *c*) pour les féries qui ont une messe propre : Carême, Quatre-Temps, Rogations, les Vigiles, on pourra, même s'il y a ce jour-là une fête, célébrer la messe de la férie correspondante. Ainsi toute une partie du répertoire grégorien du Graduel, et la plus belle, qui ne subsistait plus dans le livre qu'à titre documentaire, est rétablie dans l'usage pratique.

Enfin, *d*) le Souverain Pontife institue une nouvelle disposition dans l'ordre du psautier, et c'est une des parties les plus curieuses de la réforme. Car, jusqu'à présent, en remontant jusqu'au ixe siècle et plus haut peut-être, une des causes les plus importantes du conflit signalé était que jamais, dans aucune réforme romaine de l'office divin, on n'avait voulu toucher à l'ordre des psaumes, tel qu'il était usité dans les basiliques romaines, même avec les psaumes additionnels qu'on leur avait adjoints au cours des siècles. C'était là le point délicat, et le nœud le plus difficile à dénouer. Pie X n'a pas hésité, et voici sa solution :

Seules, les fêtes au moins doubles de 2e classe conservent l'ordre de leurs psaumes accoutumés, ainsi que, au dimanche, les heures du jour (sauf quelques suppressions). Aux offices fériaux et aux matines du dimanche, le rite romain donnait simplement, à la suite, les psaumes 1 à 108 aux nocturnes, les psaumes 109 à 147 aux vêpres. Aux petites heures toujours le 118 ; à laudes, un ordre particulier. Les complies étaient toujours les mêmes.

Dans le psautier de Pie X, *chaque heure, à chaque jour, a ses psaumes spéciaux (même les petites heures et les complies)*, ce qu'on nous permettra de respectueusement regretter. Complies, prière du soir, a toujours eu, en effet, les mêmes psaumes, faciles à retenir par cœur. Prime et les petites heures ont toujours oscillé entre les psaumes 117, 118, et les psaumes graduels, que nous eussions aimé voir adopter. Mais la décision si sage de Pie X, de revenir aux antiques « divisions » des psaumes trop longs, l'amenait infailliblement, tout comme les Parisiens de 1736, en multipliant ces divisions, à donner un autre ordre aux petites heures et à complies [1]. La différence entre l'office férial et l'office sanctoral est donc pratiquement effacée, puisque dans l'office du jour combiné avec les fêtes des saints de la manière que j'ai dite plus haut, tous les psaumes seront (sauf le cas de fête importante) dits intégralement chaque semaine par les prêtres en leur bréviaire, et intégralement chantés au chœur, là où on fait l'office quotidien. En

---

1. Cet écueil n'eût pu être évité qu'en adoptant, aux nocturnes, le procédé du rit ambrosien, qui en répartit les psaumes en deux semaines.

traçant cette division, la Commission spéciale nommée à cet effet s'est inspirée des usages variés établis au cours des âges, ou suivis par diverses églises.

A l'antique gallican, à l'ambrosien et à l'ordre monastique, elle a emprunté les *divisions* des psaumes : les psaumes trop longs sont ainsi divisés en deux et trois. Aux offices votifs de semaine (qu'on *supprime*) a été prise l'idée de choisir des psaumes appropriés à chaque jour; ainsi, les laudes des jeudi, vendredi et samedi de chaque semaine, avec les mêmes psaumes qu'aux Jeudi, Vendredi et Samedi saints, ramèneront régulièrement le souvenir de leurs mystères. Suivant l'*ordo* de certaines congrégations anciennes (Bénédictins, Dominicains) et de diverses églises du moyen âge, on aura désormais en semaine des psaumes autres que le *Beati immaculati* du dimanche. Pareillement est empruntée à certains bréviaires français du moyen âge la rubrique qui fait dire les psaumes fériaux aux fêtes de saints. Enfin, et c'est là une innovation capitale, dans la liturgie générale des églises d'Occident, les correcteurs ont pris au trop fameux bréviaire parisien de 1736 l'ordre spécial des complies des jours de semaine. Le tout est uni d'heureuse façon, et fondu dans un ensemble qui ne laisse place à guère d'incertitudes.

Ainsi donc, en mettant en vigueur l'Antiphonaire vatican, — on n'attendait que la réforme actuelle pour l'achever, — les maîtres de chapelle auront à s'habituer à quelques particularités nouvelles, auxquelles les prêtres auront déjà eu le temps de s'accoutumer dans leur bréviaire privé. Mais comme il s'agit, somme toute, d'unification et de simplification, les chœurs s'y habitueront aisément. Ces points se résumeront pratiquement pour eux à ceci, dans les églises ordinaires : Dans l'ordre général des psaumes aux offices du jour, les dimanches et fêtes principales : à laudes, suppression du *Deus misereatur*, du *Cantate* et du *Laudate* qui suit ; à complies, suppression de l'*In te Domine*.

On ne dira plus désormais le dimanche (sauf de très rares exceptions) *aucun commun, mais*, à part le cas de doubles de 2e classe au moins, *la messe et les vêpres du dimanche*. Aux trois derniers jours de la Semaine Sainte, quelques modifications dans l'ordre des psaumes, à laudes, afin de les faire cadrer avec le psautier hebdomadaire.

Telle se présente cette réforme de Pie X : elle insuffle une vie nouvelle à l'antique office romain et, fait curieux, renouvelle, à plus de mille ans de distance, par ses innovations, le reflux de l'influence gallicane sur la liturgie de la Ville Éternelle. Le fait est assez singulier pour au moins le remarquer. En même temps, par plusieurs autres côtés, elle est un rappel véritable de la liturgie romaine à ses sources et, à ce titre, a droit à la faveur de tous les amis de l'antiquité chrétienne. Il nous en coûte de terminer par une critique. Car, — mais les paroisses ordinaires n'en seront guère affectées, — car, en même temps que le changement de place de certains psaumes, un certain nombre d'antiennes aussi sont changées. Sans doute, les anciens antiphonaires contiennent parfois deux antiennes au moins, de rechange, pour éviter la monotonie dans le ton et le refrain des psaumes qui reviennent

plus souvent ; sans doute, je reconnais que, dans le nouveau psautier, plusieurs des antiennes des laudes et des petites heures sont
empruntées à ce choix ancien, parfois même au répertoire ambrosien :
toutefois les rédacteurs du nouveau recueil ont trop souvent, à mon
humble avis, sacrifié l'antienne traditionnelle et grégorienne, dernier
reste des antiques *hypakhoai*, pour la remplacer par un choix nouveau.
Évidemment, l'intention des auteurs du Psautier publié par Pie X a
été de différencier, d'une manière très nette, l'office séculier et régu-
lier de l'office monastique. Seuls désormais, les Bénédictins, Chartreux
ou Trappistes, certaines congrégations, comme les Dominicains, conser-
veront l'ancien répertoire des antiennes fériales et dominicales ; les
autres congrégations et le clergé séculier auront, avec les mêmes
psaumes, d'autres accents.

Me sera-t-il permis, au milieu de la restauration de l'office antique,
de dire tout mon regret de cette décision ?

La messe en « ré » de Beethoven

La très parisienne *Schola Cantorum* a décidément inscrit à son programme la grande messe en *RÉ* de Beethoven. Sous le bâton magistral de son directeur M. Vincent d'Indy, elle ne cesse, chaque année, de la faire entendre, la révéler même à quelques-uns. Je dis : révéler, car la lecture au piano, l'exécution réduite, et même les interprétations très artistiques données, au Conservatoire ou chez Colonne, avec des éléments de tenue impeccable, ne donnent pas, ne « rendent » pas le sentiment que M. d'Indy a su faire ressortir de ce merveilleux travail. Le sens des sonorités orchestrales, et leur équilibre, comme aussi la prononciation du latin et la compréhension des paroles, sont en effet des facteurs de premier ordre dans l'effet auquel tend cette messe.

La messe en *RÉ* de Beethoven, la *Missa solemnis*, par où il semble que l'auteur ait voulu faire comme une sorte de testament religieux, une mystique expression de ses sentiments, est aussi, à son propre jugement, son « œuvre la plus accomplie ». Fruit de quatre années de travail, cette œuvre gigantesque, de quelque côté qu'on l'envisage, apparait comme l'un des plus hauts sommets de l'esprit humain. Il serait ridicule de vouloir comparer la messe solennelle de Beethoven et la grande messe en *si* mineur de Bach : ce sont toutes deux des œuvres, à mon avis, aussi puissantes, aussi élevées l'une que l'autre. L'œuvre de Bach est, par endroits, plus scolastique, celle de Beethoven est plus extérieure. L'une et l'autre reflètent, dans leurs qualités éminentes comme dans leurs taches légères, la pensée et les habitudes du temps où elles furent écrites. Nous ne les mettrons donc point en parallèle, pas plus qu'on ne compare, par exemple, le Parthénon d'Athènes et la Sainte-Chapelle de Paris : mais on admire leurs beautés respectives.

On a dit et répété, à satiété, que la messe de Bach était plus liturgique, que la messe de Beethoven est à l'antithèse de la forme liturgique. J'ose nier ceci absolument. Sans doute, ni l'une ni l'autre ne sont liturgiques au sens rigoureux du mot, au sens qui convient, par exemple, à une messe de Palestrina. Celle-ci, pensée et écrite spécialement pour la célébration solennelle du divin sacrifice, se meut dans un cadre déterminé ; elle obéit à certaines idées d'ordre purement pratique — longueur des morceaux, place laissée au célébrant, développement modéré, etc. Celles-là, tout au contraire, visent à utiliser seulement la forme du texte, son ordre, son esprit, pour en faire le point de départ de tout le développement musical, en rapport avec le génie de leurs auteurs et les idées de leur époque.

Bach a écrit, sur les paroles de la messe, un magnifique oratorio ; Beethoven a pensé son œuvre comme une symphonie avec chœurs. Ni l'une ni l'autre ne sont de la musique sacrée au sens technique du mot ; l'une et l'autre sont de la musique religieuse d'inspiration chrétienne, et se meuvent dans les plus hautes régions de l'esprit. Au point de vue de l'unité dans l'ensemble de l'œuvre, le génie de Bach l'emporte ; dans la messe de Beethoven, deux seules pièces sont véritablement « une », le *Kyrie* et surtout l'*Agnus*.

J'ai dit tout à l'heure que je m'élevais contre l'idée trop commune que la messe de Bach était plus liturgique : je vais plus loin, et je soutiendrais bien plus volontiers que, dans son esprit, dans son inspiration générale, tout en étant plus « en dehors », la composition de Beethoven est plus liturgique que l'autre.

Cela fera peut-être l'effet d'un paradoxe ? C'est qu'aussi bien, on juge trop souvent sur des impressions conventionnelles et sur des côtés très extérieurs. L'emploi de l'orgue, par Bach, fait illusion, et le thème si caractéristique du *Credo* ordinaire de la liturgie romaine ajoute à cette illusion sur le côté liturgique. Chez Beethoven, par contre, l'absence de l'orgue, rendu inutile par le déploiement du grand orchestre (ou simplement facultatif pour renforcer la puissance des instruments), cet orchestre lui-même, avec ses cors, ses trompettes et ses timbales, semblent mettre l'œuvre dans un cadre plus étranger au temple. L'une et l'autre impression me paraissent entièrement subjectives.

En effet, ce ne sont là que des détails de l'œuvre ; ce qu'il faut voir, c'est l'ensemble. Or, Bach, comme dans une cantate, découpe le texte sacré en airs et en chœurs, souvent sans lien de l'un à l'autre, à l'instar des messes italiennes de son temps. (Voyez, par exemple, le *Gloria* et le *Credo*.) Beethoven, au contraire, a constamment respecté l'ensemble de chaque morceau ; s'il se permet de ne pas suivre exactement le texte, c'est en de très rares occasions, pour ajouter à l'expression, pour renforcer le drame liturgique, et ses répétitions de texte sont, à coup sûr, infiniment plus justifiées que celles de Bach.

Beethoven, dis-je, s'inspire plus étroitement de la liturgie. Son développement colossal dépasse sans doute l'ordinaire concision de la célébration liturgique, mais le cadre demeure. A part le *Benedictus*, la partie la plus faible, la moins inspirée de toute la messe, — avec son vraiment trop fameux violon solo, qui vient là parader on ne sait pourquoi, dans un style plutôt inférieur, — considérez le rôle respectif des soli, du quatuor vocal et des chœurs. Où sont les soli à effet dans la messe de Beethoven ? Où est même le simple solo ?

Lorsque apparaît, à découvert, le soprano ou l'alto, le ténor ou la basse du quatuor solo, ce n'est guère que pour « entonner », à l'instar du chantre, la phrase à chanter ; pour « exposer », en termes techniques, le thème que le quatuor entier ou le chœur va reprendre ou continuer.

L'écueil des messes en musique, en dehors du style des soli, c'est aussi leur place. Examinez la messe en *RÉ*. L' « alternance », base du chant liturgique, est sa loi presque en entier. Cela se remarque dès le *Kyrie*. Le *Gloria* est très frappant à ce point de vue. L'inspiration palestrinienne y est sensible à l'*Adoramus te* ; le style de Bach y reparaît au *Glorificamus*, mais l'ensemble demeure liturgique dans sa conception formelle, à part l'intonation, et le finale, que je n'aime pas.

Dans le *Credo*, le même principe domine encore pour toute la moitié de la pièce, et il est joint à l'emploi de tonalités anciennes et de motifs de forme liturgique (*Et incarnatus est, Et vitam*, etc.). Le drame, et c'est naturel dans une telle œuvre, domine ensuite. On a dit sur ce *Credo* de bien extraordinaires choses. Ainsi, à diverses reprises, ce qui n'est pas pour surprendre dans une œuvre aussi « extérieure », Beethoven ramène le mot *Credo*, qui ponctue, comme une affirmation énergique, le verset scandé par les autres parties.

Lorsqu'une voix confesse : *Et in Spiritum Sanctum...*, *Et unam, sanctam...*, *Confiteor unum baptisma*, etc., sur une sorte de récitatif liturgique, les autres voix ponctuent énergiquement et tumultueusement : *Credo, Credo*. Or, un critique éminent, teinté d'anticléricalisme sans doute, à son insu, a imaginé l'explication de ces passages : que Beethoven a voulu échapper à la nécessité de souligner les versets affirmatifs de ces croyances, et qu'ainsi il les a dissimulées sous le creux fracas du *Credo* des autres parties. Mais qui m'empêche, tout au contraire, de dire : Beethoven s'est vu impuissant à rendre en musique ces idées abstraites ; il a voulu en donner une affirmation plus énergique, en ramenant l'énergique *Credo*. Il me semble que cela est plus rationnel.

Certains diront que mon explication est subjective ? La première l'est autant, car elle dérive uniquement de la conception toute faite d'un Beethoven anticlérical. Or, si Beethoven, poussé à bout, ou témoin de certains abus, a pu exhaler son mécontentement en termes amers, il n'en ressort pas moins qu'il n'y avait là aucune manifestation d'anticléricalisme (qui de nous, à l'occasion, n'en a pas fait autant ?). De récentes recherches l'ont montré, au contraire, pieux, et respectueux des lois de l'Église, jusqu'au scrupule peut-être. Mais comme il est facile de gloser sur le texte d'un musicien, pour y chercher sa pensée intime !

Le *Credo* est doublé, en étendue, par le développement de : *Et vitam venturi saeculi*, sorte de grand poème musical à l'immortalité. Ces pages sont admirables, et, telles que le *Sanctus* de la messe de Bach, semblent ouvrir, par leurs thèmes qui se superposent, des visions d'infini, avec les chœurs innombrables des anges et des bienheureux.

Enfin, un passage de l'œuvre de Beethoven, qui n'a peut-être pas encore été remarqué, je crois, avant M. d'Indy, et témoigne du sentiment auquel a obéi le compositeur, c'est la partie instrumentale, profondément émue, qui porte le titre de *praeludium* du *Benedictus*. En réalité, c'est un interlude qui relie l'*Hosanna* précédent à ce qui va suivre ; or, musicalement, cela ne se lie pas du tout, comme sentiment, comme esthétique, ni au *Sanctus* ni au *Benedictus*. C'est autre chose, et, cette autre chose, c'est, rituellement, *le moment de la Consécration*.

Comme impression émouvante, je ne vois que le beau récit de Jésus à la Cène, dans la grande Passion de Bach, qui puisse être comparé à un tel épisode. On dirait ici de quelque orgue gigantesque qui paraphrase le : *Ceci est mon corps, ceci est mon sang*, et veut rendre le sentiment d'adoration du chrétien. Lisez posément le récit de la Cène, que dit à ce moment le prêtre à la messe, pendant que se déroule ce *praeludium*, et constatez alors la *parfaite* convenance du texte lu tout bas, et du commentaire musical qui s'y superpose : la preuve est aisée à faire, et la conclusion, facile à tirer. Une fois encore, on ne saurait être plus respectueux des « rubriques », plus compréhensif de leur signification.

Sans doute, plusieurs parties de la messe en *RÉ* échappent à la forme liturgique. J'ai signalé le défaut d'équilibre entre le *Credo* tout entier et le superbe *Et vitam*, qui est, à lui seul, aussi important. L'*Agnus Dei*, lui, forme un tout, et celui-là, ni liturgique, ni non plus d'un conventionnel profane pas plus que musical. Cet *Agnus*, qui est colossal, est aussi une pièce unique ; nulle part, dans toute l'œuvre, le génie de Beethoven en ses dernières années, son goût pour la « symphonie avec chœurs », n'ont plus éclaté. Rien ne saurait lui ressembler, rien peut-être ne saurait égaler, dans toute la musique, ce drame à la fois intérieur et extérieur que Beethoven a mis dans le développement de l'*Agnus*. Il échappe à toute forme connue, mais il est inouï d'expression, de profondeur, de sonorité, de beauté.

J'ai l'impression, en entendant cette messe, que l'auteur s'est efforcé tout d'abord de couler son génie dans la forme consacrée, qui lui a semblé la plus parfaite. Non la forme des messes italiennes à effet, de la piètre musique dite « religieuse » d'Haydn, ou même de Mozart, mais la sévérité de la forme liturgique. Mais, peu à peu, son fougueux génie l'a dépassé, et, seulement dans l'*Agnus*, s'est livré et montré tout entier. Là seulement se montre le Beethoven définitif, celui de la neuvième symphonie, qu'il achevait en même temps, celui de la dixième, qu'il ébauchait alors, et que nous ne connaîtrons jamais.

Les « Propres diocésains » des Églises de France

Les deux *Motu proprio* de Sa Sainteté, sur la musique sacrée en général et le chant liturgique en particulier, ainsi que les décrets de la S. C. des Rites et autres actes pontificaux qui les ont accompagnés, ramènent l'attention sur la contexture musicale — et littéraire — des nombreux offices et messes propres de nos Églises [1]. Ils prescrivent en effet aux Évêques la correction musicale de leurs « propres diocésains ».

L'autorité apostolique, en promulguant la restauration des mélodies propres de l'Église Romaine, suivies dans presque tout l'univers catholique, a tracé aussi, suivant en cela la tradition ecclésiastique, les sages règles qui devaient faire profiter les Églises particulières de cette même restauration.

Or, si les chants romains sont aussi vénérables par leur origine et leur antiquité, qu'admirables par leur caractère artistique, il n'en est point ainsi, à de très rares exceptions près, de nos chants diocésains.

Le culte des saints fêtés dans telle ou telle Église est souvent plus que millénaire ; mais la forme extérieure de ce culte, après s'être maintenue intacte pendant des siècles, a subi, depuis deux cents ans, les plus regrettables vicissitudes.

Il est tels diocèses que je pourrais citer, où les offices propres ont *changé* jusqu'à *quatre fois* d'ordonnance depuis la fin du xviie siècle : la dernière modification remonte à vingt ou trente ans parfois ! C'est dire que paroles et musique ont changé aussi souvent, et trop souvent cette dernière s'est transformée au gré des éditeurs, tout en revêtant les mêmes paroles !

Il ne faudrait pas croire que ceci fût une exception : c'est trop souvent la règle...

Le premier rang parmi ces chants appartient incontestablement aux messes ou aux offices dont les chants sont extraits des antiphonaires les plus anciens. Qui le croirait cependant ? Là encore on a, en notre temps, éprouvé le besoin de changer. Ainsi la messe propre de saint Maurice (22 septembre) et de ses compagnons ne se compose que d'extraits du graduel romain ; cependant les mêmes textes figurent en certains propres

---

1. Je ne parle pas ici du côté historique et traditionnel, qui aurait besoin d'une revision sérieuse, quant au calendrier et aux leçons des saints les plus anciens.

avec des mélodies fabriquées de toutes pièces par des chantres ignorants !

Quelquefois, les mélodies nouvelles ont un joli caractère ou un certain intérêt ; mais, je le demande encore, pourquoi les avoir mises à la place des anciennes ? Il y a ainsi une antienne *in evangelio* de l'office de saint Denys, qu'on retrouve à la fois dans le rit ambrosien et dans les parties gallicanes de nos plus anciennes liturgies, avec sa mélodie propre et originale : elle est donc aussi vénérable que peuvent l'être les mélodies romaines. Eh bien, dans un propre moderne, où se retrouve la majeure partie du texte de cette antienne, on a composé sur lui un nouveau chant.

Il est même des offices très anciens dont le texte a, par hasard, été conservé presque entièrement dans divers diocèses : je citerai celui de saint Nicolas, célébré encore en Lorraine, celui de la translation de saint Benoît et quelques rares autres ; on les a traités comme des textes nouveaux, en changeant toutes les mélodies sans exception ! Or, il suffit d'ouvrir un antiphonaire manuscrit du xi° siècle aussi bien qu'un imprimé du xvii° pour constater que leurs mélodies anciennes, d'ailleurs fort belles et expressives, ont été religieusement gardées pendant plus de six cents ans ; on les a donc, sans raison, rejetées en notre temps pour les remplacer ici par un air, là par un autre.

On juge par là, quand les restes d'anciens offices ont été si maltraités quant à la musique, ce que peuvent représenter les offices modernes, qui sont l'immense majorité.

Le fonds de ces offices modernes a très souvent été emprunté à ceux qui furent composés à Paris, de 1680 environ à 1739, lorsque cette vénérable Église rejeta ses plus anciens usages pour satisfaire les amateurs de nouveautés. Le chant de ces nouveaux offices parisiens fut cependant aussi soigné qu'il pouvait l'être à cette époque. Le premier qui s'en occupa fut Chastelain, chanoine de Notre-Dame ; il eut pour successeur le célèbre abbé Lebeuf, chanoine d'Auxerre. Tous deux étaient hommes de goût, très versés dans les sciences ecclésiastiques et dans les recherches historiques, et possédant bien la musique. Un certain nombre de textes furent par eux fort correctement adaptés à des mélodies grégoriennes ; d'autres intégralement composés ; quelques-unes de leurs mélodies subsistent çà et là dans les propres actuels.

Mais déjà ces nouveaux offices couraient au-devant de la décadence. Dans un diocèse, par exemple, on emprunta pour un saint prêtre tout ou partie du nouveau « commun des prêtres » parisien ; dans un autre, autre chose. En empruntant le texte, on conserva parfois les mélodies, souvent on les modifia, plus souvent on en fit d'autres. A ces origines, que je suis obligé d'énumérer ici trop succinctement, joignez les modifications et les transformations opérées depuis ce temps, et vous aurez l'idée du manque d'unité et des défauts musicaux qui règnent dans l'ensemble de ces propres diocésains.

Dans ce désordre général, la plus favorisée de nos Églises — si j'en excepte celle de Grenoble[1] — peut à peine se vanter d'une tradition (?) de trois quarts de siècle dans ses offices propres actuels.

Et encore, sur quel plan furent établis ces propres tout modernes ? Chacun l'a été indépendamment des autres, suivant le goût et la science de chaque Commission diocésaine. Il en est qui furent rédigés, pour le texte, avec beaucoup de jugement, tel celui de Nantes, auquel participa spécialement le dernier Cardinal Archevêque de Paris, Mgr Richard, alors vicaire général de cette église ; pour d'autres, on prit purement et simplement les offices existants, en les modifiant plus ou moins ; plusieurs de ces offices modifiés ne remontaient qu'à la Restauration !

Cependant, quand le retour à la liturgie romaine se fit en France, Dom Guéranger, le principal instigateur du mouvement, en avait posé les bases ; pour lui, il s'agissait moins de prendre la liturgie actuelle que de restaurer les offices traditionnels dans leur état ancien. Malheureusement, la pensée de ce grand liturgiste ne fut pas partout comprise, et le but outrepassé.

Nos offices propres sont donc, pour la presque unanimité, rien moins que traditionnels : ils sont, vis-à-vis les uns des autres, dans un état surprenant d'*inorganisation*. Tel saint jouit en divers endroits d'offices divers ; tel office, modifié ou non, sert à plusieurs saints ; la même antienne, la même hymne, le même graduel, sont chantés sans cause sur autant de mélodies que de diocèses. Les saints anciens comme les modernes sont logés sur ce point à la même enseigne : saint Vincent martyr, sainte Geneviève ou saint Nicolas, saint Remi, saint Martin, aussi bien que saint Louis, saint Vincent de Paul ou saint Jean-Baptiste de la Salle ; de même encore les offices de fêtes de la sainte Vierge spéciales à la France, ceux du Sacré-Cœur, de l'après-midi de Pâques, etc.

On comprendrait à la rigueur cette diversité s'il s'agissait de fêtes en possession d'une liturgie si populaire, d'une tradition si lointaine, qu'on ne puisse rien y changer sans scandale. Mais le peu qu'on a dit plus haut montre qu'avec autant d'évolutions ces offices n'ont en réalité rien de stable.

Une autre cause de défectuosité réside assez fréquemment dans les paroles. Alors que les compositeurs des offices primitifs étaient à la fois versés dans l'Écriture sainte, le chant et la liturgie, les rédacteurs des offices modernes n'ont point tenu compte du chant.

Tel texte de graduel, par exemple, est assez long pour en faire deux ou trois ; comment voulez-vous que le musicien lui donne la forme musicale de ce genre de chant ? Si nous étions encore au moyen âge, on pourrait se tirer de la difficulté en subdivisant le texte, car la liturgie ancienne admettait les graduels à plusieurs versets. Voici encore un exemple : en diverses messes propres, pour de saints évêques, on a choisi pour verset d'*alleluia* le texte : *Talis enim decebat pontifex esse*

---

1. Matériellement, ce propre est récent : dans son essence, il est le plus ancien de tous, puisqu'il reproduit justement les anciens offices ailleurs abandonnés. Il a été restitué, il y a quelques années, par M. Grospellier, consulteur de la Commission grégorienne.

sanctus, impollutus, segregatus, etc. Outre que ce texte n'a absolument rien de lyrique, rien qui éveille en nous l'idée de jubilation qui s'attache à *l'alleluia,* je défie bien n'importe quel musicien de lui donner une forme musicale satisfaisante dans le genre de composition convenable à ces sortes de versets.

Ou bien encore, deux offertoires ne diffèrent entre eux que par quelques mots au début ou à la fin, alors qu'il s'agit du même extrait de l'Écriture, mais dans lequel on a, par mégarde, copié plus haut ici, plus bas là, le texte à chanter.

Je ne nie pas que ces défauts se retrouvent même en certains offices romains modernes, mais à un degré infiniment moindre que dans nos propres ; et les liturgistes romains ont mis précisément à l'ordre du jour la correction de semblables anomalies. Au moins pour la dernière il est bien facile d'y remédier, en transcrivant correctement le texte dont les mélodies sont à reviser.

Cette négligence à l'égard des paroles a atteint aussi des compositions en vers, et ordinairement de la façon la plus malheureuse. La prose *Sponsa Christi* (ou *Haec dies cunctis dicata*), d'ailleurs assez heureusement composée, a un vers entièrement faux :

Áccinunt dúlci mélo,

alors que la bonne rythmique demanderait cette facile correction :

Dúlci mélo cóncinunt.

On comprend bien qu'ici je ne puis entrer dans le détail même des paroles de ces proses modernes. Question de genre et de style à part, sans parler d'une bonne quantité de vers abominablement rythmés, et des fautes d'accentuation, on y trouve parfois des négligences malheureuses, recopiées religieusement par les générations. Exemples : *Venite gentes* (ou *cuncti*), *currite,* est une prose en l'honneur du Sacré-Cœur, formée d'un certain nombre de strophes d'hymnes diverses juxtaposées en façon de séquence ; au lieu de : *Hic casta sperant* LILIA *quibus nitescunt virgines,* on trouve en certains exemplaires : *Hic casta sperant* OSCULA *quibus,* etc. ; je ne vois pas bien comment des *oscula* peuvent *nitescere virgines !* Et dans la prose *Ergone caelestium,* chantée en quelques églises pour la Dédicace, que de mots employés à tort et à travers ! Ainsi, pour parler des voûtes et du sanctuaire, on emploie *fornices* et *moenia !* ou encore cette... naïveté : *Hic piis sermonibus resonant* SUBSELLIA ; ce n'est faire un compliment ni aux fidèles ni au clergé, sans parler du sens grotesque. Mais que dire de VICTIMIS *deprecantes* PINGUIBUS, « t'apaisant par de *grasses victimes* », pour désigner l'Eucharistie !!! De la négligence au ridicule, du ridicule au scandale [1].

Et lorsque, à la négligence de transcription des textes, pis encore,

---

1. Cf. *La prose de saint Taurin,* par M. l'abbé Dabin.

à leurs prétendues corrections, s'ajoute l'anarchie musicale, on arrive à de beaux résultats. C'est le cas de cette autre prose, *Jerusalem et Sion filiae*, prose parisienne du xii⁰ siècle, très répandue, pour la Dédicace [1]. Vers le xviii⁰ siècle, on supprima un certain nombre de strophes dans le but de l'alléger en lui donnant un sens janséniste [2] : cette suppression se fit assez intelligemment, et la mélodie des strophes survivantes demeura intacte ; mais depuis ! En dehors de la mélodie originale en *sol* (7ᵉ et 8ᵉ ton) contenue encore en divers livres, on peut en signaler une autre en *ré mineur*, à 3 temps, une autre encore, en *fa*, à 3 temps aussi, une seconde en *fa*, toujours à 3 temps, et peut-être d'autres. Les bénédictins eux-mêmes n'ont pas osé, dans leurs *Variae preces*, donner la mélodie originale, et ont accommodé à la grégorienne l'une des mélodies modernes qui s'y prêtaient ; et encore les éditions Desclée y ont-elles ajouté une *mora ultimae vocis* au milieu de chaque vers. Quel chaos !

Sans doute, dans le cours du xix⁰ siècle, il faut citer que M. l'abbé Tesson, rédacteur de l'édition rémo-cambrésienne, tint à unifier, au point de vue de la mélodie, les propres qui lui furent confiés, lorsque les textes étaient les mêmes. Depuis la restauration du chant par Dom Pothier, le savant religieux et divers autres bénédictins ont également retouché plusieurs propres avec beaucoup de goût. Mais qu'est-ce que cela, en présence de la presque unanimité des diocèses ?

Or, les chants des propres diocésains sont au bout de leur impression : la loi canonique demande qu'avant une réimpression ils soient soumis, par le soin des évêques, à une revision semblable à celle que le Souverain Pontife fait accomplir pour le chant romain par la Commission qu'il a nommée : ces chants, revisés sur les originaux anciens, devront être soumis à ladite Commission près la S. C. des Rites, au même titre que les textes.

En fait, dans la plupart des cas, les reviseurs se heurteront à des impossibilités matérielles, ce qui sera purement et simplement remettre la correction des textes et le choix des mélodies à la S. C. des Rites et à la Commission Grégorienne ; mais celle-ci sera-t-elle en possession d'une documentation suffisante pour adopter judicieusement les mélodies destinées aux Églises particulières ?

Et pendant ce temps, les vieux livres diocésains, manuscrits ou imprimés, conservés dans les bibliothèques, garderont dans l'oubli les vénérables offices et les belles mélodies ordonnées par nos pères et suivies durant tant de siècles.

---

1. On en retrouvera texte et musique dans le supplément au *Recueil des proses d'Adam le Breton*, par le R. P. Dom Prévost.

2. Entre autres la transformation de cette belle strophe, dont les mots soulignés ici effarouchaient les jansénistes :

> Coetus felix, *dulce convivium*
> *Lapsis ubi datur solatium,*
> Desperatis offertur spatium
> Respirandi.

*
* *

Peut-on préconiser un remède à ces dangers ?

Il me semble qu'il en est un : la réorganisation générale des offices particuliers aux Églises de France, réorganisation qu'appellent admirablement les circonstances actuelles.

Voici comme exemple une nation voisine, avec ses colonies, l'Espagne : elle possède un *propre général* (sans préjudice de rares fêtes locales), contenant l'office unique célébré pour une fête dans toute la nation ou l'une de ses principales parties. Là où l'office est célébré solennellement, on le dit et on le chante intégralement ; ailleurs, s'il est d'un degré plus simple, on n'en dit que ce qu'en comporte ce rit. Ainsi, on n'est pas exposé, en parcourant quatre diocèses, à trouver quatre offices différents de la même fête, offices ailleurs célébrés pour une autre solennité.

Or, la France fut, pendant de longs siècles, la patrie des beaux offices particuliers, dont le texte et le chant étaient l'objet de tous les soins, et qui étaient suivis partout où l'on célébrait la même fête. Pourquoi ne pas les rééditer, en appliquant à l'ensemble des propres français l'organisation espagnole ?

Tout ne pourrait qu'y gagner : la pratique de la piété, par l'unité de prières et de chants, en un temps où les communications si faciles et les transformations sociales mêlent incessamment prêtres et fidèles de tous diocèses; la science et l'art religieux, puisque chaque chose étant à son rang, chaque office réellement traditionnel à sa vraie place, les accents les plus nobles consacrés à chaque fête seraient remis en honneur, et les œuvres des liturgistes illustres des temps passés reconnues à nouveau, et comme enchâssées dans la parure plus moderne qui les ferait valoir.

Sur quelques vieux cantiques

On a beaucoup dit et répété, depuis quelques années, que le « cantique » populaire français n'avait pas encore « trouvé sa formule ». Ce mot ne me plaît guère ; ou, pour mieux dire, il ne me plaît que dans la mesure où ceux qui l'ont employé ont voulu signifier qu'il n'existait pas, dans nos usages populaires, de modèles vraiment dignes d'être présentés comme types.

Je dis : nos usages populaires, et non pas : « nos traditions ». Car, en fait, dans le chant religieux français en langue vulgaire, il n'y a plus de tradition, il n'y a que de la routine, routine qui dure... ce qu'elle peut durer, et qui, bientôt, est remplacée par une autre. La meilleure preuve en est, qu'en fait de cantiques, une sorte d'obsession a hanté les esprits de tous ceux qui, depuis cent ans, s'en sont occupés : tous, plus ou moins, ont voulu « faire du nouveau ». Et, quand on parle des « vieux cantiques », ce qu'on appelle ainsi est tout simplement le répertoire que la restauration religieuse, après la Révolution, mit sur les lèvres des fidèles.

Leur valeur musicale est connue : la *Clef du caveau* fut le grand fournisseur de leurs mélodies. Si, d'aventure, quelques paroles réellement anciennes sont entrées dans ces recueils, paroles du B. de Montfort ou du P. Sandret, elles ont vite été habillées à la mode de leurs congénères. D'ailleurs, si le P. Sandret (dont Bordes a réédité une partie des œuvres) a écrit ses cantiques d'après une véritable tradition ancienne et quasi grégorienne [1], le B. de Monfort, à l'imitation des poètes populaires de son temps, a composé les siens sur les pires « vaudevilles » et « ponts-neufs ».

On s'en est étonné ; on a, maintes fois, opposé de ce chef le cantique français au cantique allemand, en mettant en relief les formes si caractéristiques de celui-ci. Pourquoi, dit-on, le génie français n'a-t-il pas produit de telles œuvres ?

Cette question dénote un manque de documentation : en réalité, la floraison nationale de France a poussé des ramures aussi belles, au cours des siècles, que le *geistliche lied* de nos voisins : les collections manuscrites et imprimées conservées dans nos bibliothèques en

---

1. Les cantiques du P. Amilha, en dialecte méridional, en offrent des spécimens excessivement remarquables.

témoignent. Bien plus, le cantique allemand s'est maintes fois inspiré des très vieux chants français.

Mais, et c'est là ce qu'il faut dire, les plus belles, les plus populaires mêmes par leur forme, des pièces nées chez nous, n'ont jamais eu qu'un temps, ou se sont parfois peu répandues. Pourquoi ?

La raison en est la profonde différence qui existe entre le *rôle* du cantique allemand et celui du cantique français. Celui-là, né dans des contrées où le rude gosier des peuples germaniques ne se pouvait assimiler le latin, a, dès l'origine, trouvé sa place dans le culte : *le lied spirituel allemand est,* avant tout, *liturgique.*

En France, au contraire, affiné par de longs siècles de culture latine, on n'a jamais éprouvé le besoin de chanter autrement les hymnes, les psaumes, les proses, que dans le langage même de l'Église. Ainsi, le chant religieux en langue vulgaire n'a-t-il jamais été, dans nos temples, une nécessité rituelle. *Le cantique français,* la plupart du temps, *n'a guère visé qu'à être une distraction religieuse.*

Aussi, dès ses plus lointaines origines, notre chant religieux en langue vulgaire n'a-t-il jamais eu une forme fixe, mais s'est-il différencié en nombre de branches. Depuis le ixe siècle — l'époque la plus ancienne où nous puissions le rencontrer — jusqu'au xve siècle, on trouve ainsi, première en date, la *cantilène,* parfois écrite sur un timbre liturgique, parfois sur des airs populaires, puis les épitres *farcies,* les *farces, lais, descors, séquences* françaises, tous écrits en vers toniques rimés et *mesurés,* le genre enfin de la *chanson pieuse,* le plus fécond justement, à raison de la définition que j'ai plus haut donnée.

Et c'est peut-être Gautier de Coincy, le moine soissonnais du xiiie siècle, l'un des grands auteurs de chansons pieuses, qu'il faut considérer comme l'inventeur du genre *parodié,* où la « chanson spirituelle » a mis « Marie » en place de « Marot », et *Mère du Sauveor* sur *Dame de valour.*

On ne saurait en être surpris, puisque de tels chants, *jamais,* je le répète, ne furent destinés à l'église, et qu'il fallut arriver presque en notre temps pour les y voir entrer.

De la chanson pieuse, ou à côté d'elle, sortit le *noël,* sur l'histoire duquel on a dit les choses les plus surprenantes. En réalité, ce n'est guère qu'au xve siècle que le genre se développe, en même temps que le *psaume* français, et le *cantique* proprement dit, dans le sens qu'on attache maintenant à ce dernier mot.

Depuis le *Buona pulcella Fut Eulalia,* du viiie siècle peut-être, la plus vieille de nos cantilènes [1], jusqu'aux psaumes de Clément-Marot, il y a place, on le voit, pour une véritable exposition du cantique français. Et, au cours de cette première période, sept siècles durant, que de modèles ces compositions religieuses ne peuvent-elles nous offrir !

---

1. Dont la mélodie n'est peut-être pas perdue, ainsi que j'espère le montrer à l'occasion.

Tous les genres souhaitables y sont représentés : le *cantique grégo-rien,* — qui revient en faveur, — c'est-à-dire le chant vulgaire mis sur une mélodie liturgique ou qui s'en est inspirée ; le *chant mesuré,* en *solo,* ou en chœur ; les pièces plus délicates d'exécution, ou plus populaires de facture, et celles-ci ont parfois survécu. A les feuilleter, on éprouve quelquefois des étonnements. J'ai déjà eu l'occasion de montrer comment l'*O filii* était adapté sur une antique *cantilena* populaire :

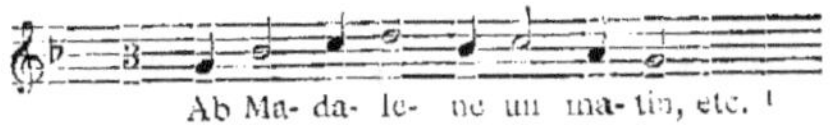

D'autre part, qui croirait que la tonalité, le rythme, le thème de l'*Ultreia* des pèlerins de Saint-Jacques-de-Compostelle, au xie siècle, en dialecte poitevin, sont encore reconnaissables dans le timbre connu six cents ans après, sous le nom même des *Pèlerins de Saint-Jacques* :

Mais on pourrait encore, dans un tableau vraiment suggestif, dresser un tableau comparatif de la plus ancienne mélodie populaire française connue, et de ses variations au cours des âges, depuis l'*O Maria Deu maire* d'un manuscrit limousin du xie siècle, utilisé au xiie par Adam de Saint-Victor, transcrit à la manière liturgique au xiiie, sur l'*Ave maris stella* (1er ton), et qu'on retrouve soit amplifié, soit à peine modifié, dans une célèbre *alba* du troubadour Guiraut de Borneilh, dans la fameuse complainte de *Jean Renaud* et dans un choral allemand.

Tous ces rapprochements seraient curieux et symptomatiques.

A défaut d'une *Histoire du cantique français* (ou mieux du chant religieux en langue vulgaire en France), que je publierai peut-être quelque jour, et où tous ces faits seraient ordonnés, et les textes publiés, j'en ai dit suffisamment pour montrer l'intérêt qui s'attache à une telle histoire et le charme que respirent ces airs antiques. De mes notes sur ce sujet je détache quelques pièces vraiment typiques, à des points de vue divers, et qui, jointes aux psaumes dits de Goudimel, d'un côté, à

1. *Tribune de Saint-Gervais,* vii, 119 ; xiii, 82.

ceux de Godeau et aux cantiques de Sandret, d'un autre, jettent une vive lueur sur ce fait, que les types vrais du cantique français existent et qu'il suffit de les aller chercher.

Un des riches manuscrits de l'école limousine, le graduel de l'abbaye de Fontevrault, nous donne, pour alterner avec le chant latin du *Sanctus*, — c'est-à-dire dans des conditions analogues au cantique allemand, — un bel exemple de la cantilène populaire française au XIIe siècle ; j'en interprète le rythme, suivant les règles données par le théoricien parisien Beda, celles des *maneries* rythmiques [1], qui reposent en grande partie, d'ailleurs, sur la longueur donnée à l'accent métrique :

Il y a ainsi huit couplets sur cette mélodie, et neuf autres pour alterner avec l'*Agnus* latin.

On remarquera avec intérêt comment, en négligeant les *longues* rythmiques des accents métriques, la forme de ce chant est proche des plus anciens chorals allemands.

Les *Glossenlieder*, comme les ont pratiqués les poètes religieux allemands de la fin du moyen âge, ont eu, on le voit, d'excellents modèles dans nos compositions françaises antérieures. Ce qu'ils nomment *Mischpoesie* trouve également, chez nous, un ravissant exemple dans un « salut de Nostre Dame en françois », qui date du milieu du XVe siècle. Chaque mot de l'*Ave Maria* y est glosé par un couplet particulier.

(Ici, la notation proportionnelle de l'original ne laisse aucun doute sur l'interprétation rythmique.)

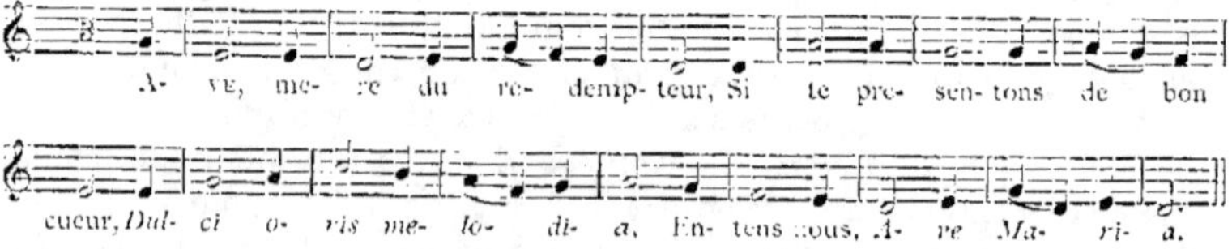

L'auteur de ce « dicte » fut le frère mineur Jean Tisserant (qui écrivit

---

1. Sans toutefois inclure dans le temps d'une syllabe les groupes de plusieurs notes, comme l'interprètent, à tort, à mon avis, les médiévistes modernes. Je pense que ces groupes doivent être chantés suivant la règle des groupes ordinaires de deux et trois notes, d'après leur place dans le rythme. On est ainsi plus proche à la fois du chant liturgique d'où ces mélodies sont issues, et d'une interprétation vraiment artistique et logique.

les paroles de l'*O filii*), et dans les œuvres duquel se trouve aussi le très fameux

Grâces soyent rendues
A Dieu de là-sus

chanté encore dans quelques coins reculés de nos provinces.

L'*Ave* était dit avant les sermons du « bon et dévost père ». On voit que son auteur ne s'y inquiétait guère de l'accent, soit français, soit latin.

Dans un autre genre, quelle admirable pièce n'est pas le Symbole inséré dans le recueil publié par les Jésuites au commencement du xviie siècle, pièce aussi belle pour la noblesse et la beauté de la mélodie que curieuse aux regards du rythmicien, avec son rythme dochmiaque très remarquable :

L'harmonie de ce chant, qui est à quatre parties, en est aussi belle, et sonne merveilleusement.

Enfin, comme dernier spécimen, pareillement inédit, de nos vieux chants français, je donnerai la mélodie d'une amplification, paroles et musique, du *Pange lingua*, qui me paraît des plus remarquables. L'auteur de cette composition, publiée en 1660, est Denys Lefebvre, qui, « maître de musique à Roye, en Picardie », me semble apparenté avec un homonyme, qui, né à Péronne, fut chapelain à la Sainte-Chapelle jusque vers le milieu du xviie siècle [1].

1. Voir Michel Brenet, *Les musiciens de la Sainte-Chapelle.*

Ces paroles, qui sont, je crois, de Rotrou, restèrent extrêmement populaires ; elles figurent encore dans les *Eucologes* parisiens imprimés en 1820.

La vraie source du chant religieux français, elle est là, dans ces exemples tour à tour si grandioses et si frais.

« Gli groteschi »

Qui, parmi les musiciens, ne connaît, au moins de réputation, le livre amusant et fameux écrit par Berlioz : *les Grotesques de la musique ?* Nombre des historiettes qu'il contient sont encore, seront toujours, de la meilleure actualité. L'auteur les a-t-il inventées ? Il se porte garant de leur authenticité, et, à en juger par ce que j'ai vu, lu, entendu, les petits tableaux décrits par Berlioz ne m'apparaissent nullement invraisemblables. Il est des choses qu'on n'invente pas [1].

Le mot de *grotesques*, bien en situation, dépeint non pas seulement, — au sens qu'on a fini par lui donner, — ce qui nous porte à rire, mais toute naïveté, parfois toute monstruosité, — telle phrase, telle réflexion vraiment lapidaire, qu'on ne saurait, à la vérité, laisser tomber dans l'oubli, mais qu'il suffit, pour conserver, de marquer d'un trait fugitif et léger, comme ces dessins. ces peintures antiques, que les Italiens ont dénommés *gli groteschi*.

Or, s'il y a des « grotesques de la musique », en général, il y a aussi, pour le cas qui nous occupe, il y a plus encore, peut-être, des *Grotesques de la musique sacrée.* Nos amis en connaissent déjà : la *Tribune de Saint-Gervais* en a maintes fois cité ; qui de nous n'a été le témoin de réflexions bizarres ou sottes, d'actions ridicules ou méchantes, que l'ignorance ou le calcul ont inspirées, à propos de chant grégorien ou de polyphonie palestrinienne ? Il en est de bien amusantes ; il en est aussi de fort tristes : car la naïveté de certains hommes n'a souvent d'égale que la malignité de certains autres. Mais, naïfs ou méchants, ces traits méritent de passer à la postérité, pour l'édification de nos successeurs.

.˙.

Parmi les modèles de ces « groteschi », il y a ceux qui ne savent pas : ils sont légion. Mais il y a aussi les « snobs » ; ils sont, je crois, plus nombreux encore. Heureux encore quand leur snobisme se tourne vers

---

1. Je lis précisément quelque chose d'analogue dans un fascicule (avril 1911), des charmantes *Chroniques de la Manécanterie* (Paris, 91, rue Lecourbe). Un lecteur intrigué demandait si les « mots de la fin » qu'elles contiennent sont bien authentiques ? Hélas ! nous en entendons bien d'autres, que nous n'osons pas dire.

les bonnes choses et qu'une inspiration irréfléchie les entraîne sur le droit chemin ! Une de nos correspondantes, qui s'est attachée, avec persévérance, à former chez elle une petite schola féminine, a pu ainsi profiter d'un tel mouvement :

« Nous serons bientôt vingt-quatre, m'écrit-elle, ce qui, pour notre ville, est magnifique. Remonter aux origines des choses est parfois bien amusant : il me souvient du mouvement de curiosité que suscita, il y a deux ans, ma tentative ; on vint par mode, par snobisme. Selon l'expression consacrée : c'était *bien porté*. Il était très *chic* de pouvoir dire dans un salon : « Ma chère, je vous quitte, c'est l'heure de mon cours de chant grégorien », en ajoutant, d'un ton dégagé : « C'est assez intéressant. » Et, dans une toilette ébouriffante, on venait bâiller en regardant les vieux neumes...

« Mais bientôt, les pauvres *torculus* et leurs frères furent traités en parias par les curieuses ; qu'importait, le mouvement était désormais lancé. Les vraies musiciennes sentirent la beauté profonde de cette merveille ignorée, et elles trouvent aujourd'hui la récompense de leurs efforts. »

Depuis quelques années, on a réhabilité les snobs : on a bien fait. En somme, cette attitude irréfléchie, souvent cette bonne volonté latente est la meilleure préparation, le moyen le plus efficace, pour faire passer dans le public ce qu'il ne connait point. Le snobisme, c'est un excellent « bouillon de culture » pour faire germer les idées.

Mais, ce qui est effroyable, ce sont les *contre-snobs*. Ils sont, ceux-là, les ennemis-nés de toute modification : le moindre changement leur semble une hérésie, tout retour à la vraie antiquité est pour eux une nouveauté ; ils tiennent à honneur de résister aux prescriptions pontificales, au nom même d'une prétendue tradition, et, pour eux, les snobs, ce sont ceux qui obéissent à Pie X. Ai-je besoin de dire où on les trouve ? Hélas, parmi les gens d'église : curés, fabriciens, maîtres de chapelle, qui, de tout leur pouvoir, s'accrochent désespérément à la balance pour faire contrepoids aux bons curés, aux fabriciens bien inspirés, aux maîtres de chapelle artistes.

Le Congrès si brillant tenu à Paris en 1911 a, — qui le croirait ? — suscité chez quelques-uns une réaction violente ; la *rabies diabolica* s'est exercée contre les nôtres, en divers endroits, d'une manière vraiment indigne. Deux seuls faits :

Un laïque intelligent et pieux, groupe, à la campagne, des enfants, et parfois jusqu'à trois ou quatre chantres de bonne volonté. Une leçon pratique de chant grégorien et de musique avait lieu *tous les jours*, ouverte à qui voulait : tout marchait à ravir, et les offices commençaient à s'en ressentir. Vint le Congrès, où notre ami, M. C..., tint à assister ; que se passa-t-il là-bas pendant ce temps ? On ne sait ; mais, au retour, il paraît que « des parents se sont plaints, disant qu'ils n'envoyaient pas leurs enfants à l'école (libre) pour chanter. Or, la leçon avait lieu en dehors des heures de classes !!! Enfin, mon recteur m'a signifié de cesser, et j'ai dû, à la suite d'une explication (inexplicable), abandonner l'harmonium. Nous avons des cérémonies grotesques : un de ces dimanches on a repris l'intonation de la communion *trois fois.* »

Inutile de dire qu'on a repris aussi les « bons vieux livres » de chant, et que le recteur refusa énergiquement les « nouveaux » que, généreusement, M. C..., bien qu'expulsé du chœur, mettait à sa disposition... Remarquez que l'Évêque de ce diocèse favorise ouvertement la restauration grégorienne, depuis plusieurs années déjà.

Ailleurs, — et il s'agit ici d'une grande ville, — un prêtre déjà connu parmi les meilleurs et les plus zélés partisans de la réforme de la musique sacrée était arrivé, vicaire chargé du chant, à créer un superbe mouvement ; avec l'aide des garçons du catéchisme et du patronage, il avait formé une bonne maîtrise, et commençait à intéresser les fidèles au vrai chant religieux. Tout à coup, interdiction absolue de continuer à s'occuper du chant : le vicaire est confiné dans le patronage, avec défense d'en sortir. Raison : M. l'abbé..., qui est un excellent prêtre, avait participé au Congrès, et, en quelques mots vibrants, émis un vœu très pratique ; cela ne rentrait pas dans les idées du curé : *inde irae.*

On pourrait, en bien des endroits, signaler des choses vraiment lamentables et... saugrenues. Dans un diocèse très peuplé, on a, depuis quelques années, multiplié les chapelles de secours, noyaux de futures paroisses. En l'une de ces chapelles, le vicaire qui en organisa le fonctionnement, bon grégorianiste, et stimulé par le curé et le maître de chapelle de la paroisse mère, établit, dès le premier instant, le chant grégorien et collectif. Lui-même, lorsque cela était possible, dirigeait le chœur et entraînait les chantres volontaires. Vint le moment de l'érection de la chapelle en église titulaire : un curé, venant d'une paroisse « où l'on a des traditions, Monsieur », fut installé, et notre ami nommé premier vicaire. Mais ce fut sa seule satisfaction ; à peine la paroisse nouvelle inaugurée, le nouveau curé fronça les sourcils : « Comment ! les fidèles chantent ? Mais c'est ridicule ! cela ne se fait pas à Saint-X... d'où je viens. » Or, Saint-X... est une des paroisses la plus « comme il faut ». On supprime donc le chant d'ensemble, on renvoie les chantres volontaires, on choisit deux « savetiers[1] » recrutés je ne sais où ; et, comme ils ne savent ni ne veulent lire le Graduel Vatican (le curé ne le sait pas plus qu'eux), on va pour acheter des livres « diocésains ». Hélas ! l'éditeur n'en a plus : qu'importe ! de pièces et de morceaux mis au rebut ou ramassés dans un grenier, on reforme des livres... Victoire ! on chante désormais comme à Saint-X... : mais les fidèles se taisent et s'en vont.

Un critique spirituel publia, il y a quelques années, tel un nouveau La Bruyère, une galerie musicale de « MM. les Curés de Paris » : notre homme n'y serait-il pas bien placé ? Je pourrais d'ailleurs nommer tel autre curé, placé à la tête d'une paroisse des plus intelligentes de la capitale, qui voulut soutenir contre son conseil de

---

1. Soit dit sans vouloir faire injure à l'honorable corporation dont on emploie ainsi le nom.

fabrique (où se trouvent deux agrégés et trois ou quatre docteurs en lettres ou en droit) qu'il y avait des « canons conciliaires interdisant aux fidèles de chanter à l'église » ! ! ! C'est le même qui, obligé de « subir » la *Manécanterie de la Croix de bois*, qu'on lui avait imposée, affectait, avec un majestueux huissier pour le précéder, de traverser les rangs des chanteurs pour quêter ou regagner sa stalle haute, pendant l'exécution des motets.

J'ai des raisons sérieuses de croire à sa parenté avec cet autre personnage qui ne voulait pas de la *Missa brevis* de Palestrina, mais qui admira fort la « célèbre messe brève de Pierluigi »... et qui laissait volontiers exécuter des pièces de R. de Lassus : M. A. de Lassus n'est-il pas le gendre de Gounod ?

Non ? je vous prie de croire que je n'invente rien et que j'entendis cela de mes propres oreilles. Il en est de si drôles, dans les réflexions dignes de nos « groteschi » !

Le nom d'un auteur allemand moderne joua successivement à un de nos confrères un tour pendable, suivi d'un agréable compliment, l'un et l'autre absolument inattendus. Connaissez-vous Singenberger ? C'est un estimable représentant de l'école cécilienne ; on peut, à l'allemande, rendre à peu près ainsi la prononciation de son nom : Sine'gue'nbergue'r. Donc, on avait, un jour, pour je ne sais quelle fête, chanté une messe de ce compositeur.

La cérémonie faite, le président du conseil de fabrique, qui se piquait d'être musicien, demanda au maître de chapelle :

— De qui est donc cette belle messe que vous avez donnée ?

— De Singenberger (prononcez à l'allemande).

— Comment ? que dites-vous ? De quel pays est ce compositeur ?

— C'est un Allemand.

— Un Allemand ! comment ! encore ! mais l'invasion n'est donc pas finie ? Est-ce que nous, nous n'avons plus de compositeurs français ? etc., etc.

Perplexité du chef, qui avait l'intention de redonner la même composition dans une autre solennité. Cependant, à Dieu va ! on réexécute la même messe quelques semaines après. La cérémonie faite, le même personnage, que décidément le morceau charmait, reposa la question :

— De qui est donc ? etc. (Voir plus haut.)

Et cette fois-ci, notre ami, averti, de répondre, mais en prononçant à la française :

— De Singenberger (prononcez comme « Saint Jean berger » ou « Singe en berger »).

— A la bonne heure ! c'est parfait ! Je vois avec plaisir que vous encouragez nos jeunes compositeurs français, etc., etc.

Ai-je dit que la séance eut encore pour théâtre une église de Paris ?

Nous trouverons ailleurs d'autres genres de naïveté. Il y a une douzaine d'années, dans une ville de Provence, on attendait les *Chanteurs de Saint-Gervais*, qui devaient, sous la direction de Bordes, exécuter un salut solennel dans la principale église. L'archiprêtre, homme de goût et de traditions, les avait invités à venir donner ce bel exemple dans une cité où la bonne musique était peu connue. Ce fut un émoi sur le Cours : pensez un peu, donc ! des chanteurs de Paris ! mais cela va être superbe, té ! Et l'on cause, et l'on échange ses idées.

On s'informe : de quel endroit de l'église les chanteurs interpréteront-ils les chefs-d'œuvre de Palestrina ? Tout naturellement, de la place habituelle de la maîtrise, derrière l'autel.

— Oh bien ! non ! mais pas du tout, nous voulons les voir.

Et une délégation s'en va trouver l'archiprêtre, le priant de faire élever une estrade au milieu du chœur, devant l'autel, afin que les chanteurs montent dessus ! Le vénérable ecclésiastique est d'abord surpris, mais devant une insistance rare, il promet d'accéder à la demande et pose la question :

— Mais enfin, pourquoi tenez-vous donc tant à les voir ?

— Té ! mais pour voir comme ils sont habillés !

Tout simplement un *galéjaire* avait lancé insidieusement : « Ces chanteurs, qui exécutent la musique du xvi⁰ siècle, ne l'interprètent jamais *qu'en costume de l'époque !* » Tout le monde avait... marché ! Et ce fut une déception pour beaucoup, le soir, lorsque l'on constata que la fameuse corporation, par son costume, avançait de trois siècles sur sa musique.

Oh ! ce Midi ! c'est dans le même voyage des Chanteurs qu'une délicieuse naïveté fut émise par un assistant : il admirait l'exécution, était stupéfié qu'on pût chanter sans accompagnement, en goûtait d'ailleurs la beauté : « Mais ç'aurait été *bien plus religieux* s'il y avait eu un *harmonium !* »

Je n'en finirais pas si je relevais seulement les choses les plus curieuses de la correspondance que je reçois parfois. Je passe ici, bien entendu, les lettres bêtes, habituellement anonymes, où l'injure frise souvent la calomnie, tout cela parce que j'ai dit ce que je pensais de telle publication ou de telle exécution.

Mais qu'il en est d'amusantes ! C'est d'abord la lettre de l'amateur qui me dit :

MONSIEUR,

Vous vous êtes permis (!) dans le n⁰ du ...... de critiquer le *Noël* d'Adam. Ceci prouve un goût musical très peu développé (!!), c'est inadmissible (!!!) ; aucun musicien ne peut admettre la critique de cette œuvre, dont la poésie est d'ailleurs très belle.

X... (Ici une signature anonyme suivie de :)
musicien.

Savourez ce dernier mot !

Un autre lecteur, à propos du même *Noël,* m'écrivit :

« Vous en voulez décidément au Noël d'Adam ; déjà votre article de l'année dernière au sujet de la fête de Noël montrait votre antipathie pour ce morceau ; dans tous les cas, c'est une opinion qui vous est toute personnelle ; c'est vrai que maintenant, *on le chante dans certains lieux qui n'ont pas l'habitude d'entendre des cantiques,* cela prouve seulement qu'il y a encore dans le « populo » (sic !) *une petite flamme qui est heureuse de s'élever du milieu de tant de ténèbres.*

Oh ! ces cantiques ! qu'ils soient d'Adam ou d'autres, qu'ils donnent, à de certaines gens, le désir d'y aller, eux aussi, de leur petit couplet ! En ai-je reçu des spécimens étranges ! Je me souviens d'une mélodie qu'on m'envoya un jour ; l'auteur, qui n'avait pas su faire un accompagnement, avait cependant composé une mélodie, qu'il se figurait, de bonne foi, inspirée du goût le plus pur : vous vous rappelez le *Pendu de la forêt de Saint-Germain ?* Eh bien ! la moitié de l'air de ce cantique à la Vierge était à peu près le même que celui de la chanson de Mac-Nab.

Un autre auteur — une dame, cette fois, et « qui connaissait l'harmonie » — m'envoya une de ses nouvelles compositions, mais avec la mélodie seule : « Si vous consentez — disait-elle, — à insérer mon cantique, *alors seulement* je vous enverrai l'accompagnement ; veuillez me dire auparavant ce que vous me donnerez pour cela. » Elle avait peur, la pauvre, qu'on lui volât ses harmonies.

On m'a offert aussi de mettre en musique des cantiques nouveaux, dont on m'envoyait la poésie. Les uns étaient très bons, d'autres très médiocres ; mais pour montrer jusqu'où peut aller l'inconscience absolue des auteurs de certaines élucubrations, on m'excusera de reproduire ici trois couplets qui me furent récemment remis :

> Il parle, il chante, il pleure
> Dans son cachot doré,
> Lorsque sonne mon heure.
> Demain je reviendrai.
>
> . . . .
> A mon front pâle, pose
> Ton parfum soupiré,
> Un baiser, une rose.
> Demain je reviendrai.
>
> . . . .
> Aime, jouis, soupire !
> Et je m'endormirai
> Drapé dans ton sourire.
> Demain je reviendrai.

Savez-vous de qui il est ici question ? Il paraît que c'est un cantique en l'honneur de Notre-Seigneur dans la sainte Eucharistie, et, « à la rigueur », on peut le chanter sur l'air de Lambillotte : « Veille sur tes enfants ». N'est ce pas à pleurer ? Et peut-être cette sottise a-t-elle déjà trouvé preneur ?

Certaines de ces lettres me furent envoyées avec la suscription de « Monsieur l'Abbé » ou « Révérend Père », même « M. le Chanoine ». (Deux fois, un grand journal catholique me traita flatteusement de « Monseigneur ».) On peut cependant faire du chant liturgique sa spécialité, sans appartenir nécessairement à la cléricature, comme le dit d'ailleurs, à peu de chose près, Pie X, dans son « motu proprio » sur la musique sacrée. C'est ce qu'avait bien compris un autre correspondant, qui m'écrivit sous le nom de « Monsieur et Madame ». Celui-là, c'est un de mes anciens choristes : il avait inventé une nouvelle espèce d'harmonium destinée à pouvoir étudier chez soi *sans faire de bruit*, et, à cet effet, il avait tenté d'en construire « une petite » qu'il m'invitait à aller essayer.

Une des plus jolies choses, peut-être, que j'aie rencontrées dans ce genre, figure dans le programme d'une séance de patronage où l'un de nos plus anciens scolistes avait accepté de tenir le piano. Entre des morceaux de gramophone et deux chansonnettes comiques, on l'avait gravement fait figurer ainsi :

M. X... de la Schola Cantorum, *dans son répertoire.*

Celui-ci n'a peut-être pas plu autant aux auditeurs que le répertoire de Paulus ou de Dranem. Cela d'ailleurs se passait au temps où un grand journal parisien, dans les annonces des concerts, imprima bravement :

« A la Scola, à 4 heures, répétition générale, sous la direction de Ch. Bordes, avec les chœurs des *Chanteurs de Saint-Gervais*. Le soir, à 9 heures, reprise de la *Revue de fin d'année*, avec Paulus, etc., etc. » ???

Le malheureux journaliste avait confondu, dans ses « communiqués », la *Scola* et la *Scala !* Au moins, ce n'était pas une coquille des typographes. Mais ceux-ci, parfois, nous en ont servi de bien extraordinaires. Un autre grand journal, dans les « Échos mondains » d'un des derniers hivers, mentionnait le succès qu'une cantatrice avait remporté, dans un concert dit « de musique religieuse », avec « l'*Inflammation* de Rossini ». (Lisez : *Inflammatus*, extrait du *Stabat.*) Ces réjouissantes coquilles expliquent qu'un prote distrait ait laissé échapper l'annonce de la *Fille de Jephté*, de Carossini (*sic*), ou, pour un salut, celle du *Diffusa* de Manini. La première, au moins, de ces coquilles, laisse supposer que le typo connaissait le nom de Rossini, à moins qu'il n'ait pensé à « carrosse ». Quant à la seconde, n'est-ce pas, « Nanini », cela ne signifie pas grand'chose, tandis que « Manini, » à la bonne heure ! on comprend.

Et ceci me rappelle le programme d'un des premiers concerts organisés par Bordes, à Montpellier si je me le rappelle bien, il y a déjà longtemps, pendant les admirables « voyages de propagande » qu'il entreprenait à travers la France.

Les *Chanteurs de Saint-Gervais* devaient se faire entendre à la cathédrale, dans un office solennel, puis, le soir, dans un concert profane. Notre pauvre ami, qui avait une écriture peu lisible, avait en particulier inscrit aux programmes :

Fugue, de S. Bach, pour orgue ;

Messe du pape Marcel, de Palestrina ;

O magnum mysterium, motet de Vittoria ;

Vieilles chansons françaises, harmonisées à trois voix, par Julien Tiersot.

Savez-vous ce qu'on imprima pour ces quatre numéros ? Savez-vous ce que lut notre « manager » en s'arrachant les cheveux au moment même de distribuer les programmes? Je vous prie de croire que je n'invente pas, car je les lus aussi de mes propres yeux :

Figue de Saint-Roch, pour orgue (???).

Messe du Pape, par Marcel de Palestrina ;

O mignonne mystérieuse ! motet (!!!?) ;

Vieilles chansons françaises, *harmonium* à trois voix de Julien Tiersot (!).

Comment voulez-vous qu'un fou rire ne saisisse pas les lecteurs d'un pareil..... poème ; quelle stupeur ne dut pas être celle des assistants devant le titre..... étrange du morceau d'orgue qui devait saluer l'entrée de l'évêque, et les paroles non moins extraordinaires du motet au Saint-Sacrement !

Un curieux passage de saint Augustin

L'explication mystique et symbolique des psaumes, entre le IIIe et le VIIe siècle de notre ère, a été l'un des principaux objets de l'attention des Pères de l'Église et des Docteurs. Pour nous en tenir aux Latins, saint Jérôme et saint Augustin, Cassiodore et Isidore, ont particulièrement excellé dans ce genre. Leur but, comme leurs procédés de travail, sont intéressants.

Leur but : commenter la parole sacrée, afin que leurs auditeurs, en chantant les psaumes, goûtent tout « le bon de la psalmodie »[1] et en tirent des « fruits spirituels ». Leurs procédés de travail : c'est, suivant la méthode habituelle aux rhéteurs, aux grammairiens, aux lexicologues, de rechercher ce qui a déjà pu être écrit sur le sujet, en le joignant à ses propres réflexions ou observations.

On ne saurait juger avec précision les diverses *enarrationes* que nous ont laissées ces auteurs, sans se mettre en contact avec leur auditoire, ou avec le genre adopté en vue même de cet auditoire et du but proposé. Dans l'œuvre des Pères, on doit en effet distinguer d'abord le *sermo* décoratif, écrit dans un style châtié, soumis aux lois du « nombre »[2] harmonieux, où les cadences métriques se vont succédant, pour marquer les fins ou les coupes de phrase : saint Cyprien, l'ancien professeur de Carthage, et le pontife saint Léon, à Rome, ont laissé, en ce genre, de superbes modèles.

A côté du *sermo*, gloire de la chaire chrétienne, se place l'*homélie*. Comme son nom le signifie, c'est là une simple « conversation », d'un style simple, d'un tour familier, même vulgaire, dans laquelle l'auteur parle la langue habituelle à ses auditeurs, emploie à l'occasion, — et volontairement, — leurs « idiotismes » provinciaux, en les leur reprochant, s'il le juge nécessaire[3], ne craint pas, enfin, de semer de réflexions ou d'anecdotes populaires la trame non pas de son discours, — ce n'en est pas un, — mais de son explication familière.

Or, pour en venir à notre thèse, les *enarrationes* que saint Augustin a laissées sur les psaumes appartiennent à ce genre. Homélies populaires,

---

1. *De bono psalmodiae.* Nicetas de Remesiana, au IVe siècle, a écrit quelques chapitres sous ce titre ; attribués communément à Nicetius de Trèves, qui vivait trois cents ans plus tard, ils ont été reproduits dans la *Patrologie latine*, t. LXVIII, col. 372.

2. Ce qu'on a plus tard nommé « cursus ».

3. Par exemple, saint Augustin ne pouvait arriver à faire chanter à ses fidèles le verset *Super ipsum autem* FLOREBIT *sanctificatio mea*, que le populaire prononçait : *Super ipsum autem* FLORIET. (*De doctr. christ.*, II, XIII, 20.)

fréquemment adressées aux bateliers et aux marins du port de Carthage, et que l'évêque, la plupart du temps, improvisait, voilà ce que sont, pour une bonne part, ses productions en ce genre.

L'ex-rhéteur ne prenait même pas toujours, s'il les préparait, la peine de les écrire : les pièces de ce genre nous sont ordinairement parvenues *sténographiées* par quelqu'un des clercs de la famille épiscopale. Les manuscrits anciens des recueils augustiniens offrent ainsi, aux amateurs des *notes tironiennes*, toute une mine d'observations.

Donc, auditoire très populaire, improvisation « lâchée », discours transmis par la « sténo », voilà, sur la question « style » et leur reproduction, comment il faut aborder l'étude de ces œuvres.

Mais, par le fait même de leur genre, du genre nécessité, et aimé, de l'auditoire, les *enarrationes* contiennent une foule de détails piquants et curieux. C'est là que le musicologue trouvera, à l'occasion, matière à glaner.

Car le psaume, c'est, à l'origine, une hymne hébraïque chantée, au son des instruments, dans le service du Temple de Jérusalem. Chaque fois que les psaumes font mention de musique, les écrivains ecclésiastiques n'ont pas manqué de la relever, et c'est ainsi que saint Augustin va nous offrir un passage intéressant et singulier.

C'est dans l'explication du psaume cl.ᵉ, où diverses sortes d'instruments sont nommés :

> 1. Louez le Seigneur dans ses sanctuaires :
> louez-le dans l'appui de sa force.
> 2. Louez-le dans les forces qu'il manifeste :
> louez-le selon la grandeur de sa puissance.
> 3. Louez-le au son de la *trompette* :
> louez-le sur le *psaltérion* et la *cithare*.
> 4. Louez-le sur le *tympanon* et le *chorus* [1] :
> louez-le sur les *cordes* et sur *l'orgue.*
> 5. Louez-le sur les *cymbales* bien résonnantes ;
> louez-le sur les cymbales joyeuses.
> Que toute âme loue le Seigneur !

Ainsi donc, ce psaume magnifique offrait matière aux élucidations musicales, puisqu'il est lui-même une allusion presque perpétuelle à la musique. Saint Augustin n'a pas manqué à le faire. On m'excusera de ne pas reprendre en détail toute son *enarratio :* cela serait ici trop long.

Bornons-nous à la seconde partie du verset 4 : *laudate eum in cordis et organo,* « louez-le sur les cordes et sur l'orgue » [2].

---

1. Les auteurs ont varié sur l'explication de ce mot. Les uns n'y voient que le chœur des voix chantant ensemble ; les autres, l'instrument appelé du même nom, et dont la description correspond à la *musette* : une outre enflée par le souffle, et percée de deux tuyaux, dont l'un transmet l'air, l'autre sert à jouer. C'est du moins l'explication que donne Raban Maur, *de Universo,* l. XVIII (*Patr. lat.,* t. CXI, col. 490).

2. Nous nous servons de l'édition classique de saint Augustin donnée par les Bénédictins de Saint-Maur, en soulignant ou en mettant mieux en relief, par alinéas ou par ponctuation, les divisions du texte, qu'on trouvera aussi reproduit dans la *Patrologie latine,* t. XXXVI-XXXVII, col. 1964.

Un peu plus haut, au ℣. 3, *in psalterio et cithara*, l'auteur a parlé déjà d'instruments à cordes, en faisant remarquer que la résonance des cordes est amplifiée, tantôt, comme dans l'un, par la traverse supérieure où sont attachées les cordes, tantôt, comme dans la seconde, par la caisse sonore sur laquelle elles sont tendues, boîte de résonance inférieure [1]. Saint Augustin en avait tiré une image symbolique, destinée à frapper son auditoire, des résonances spirituelles de l'âme, *in superioribus et in inferioribus*.

Voici maintenant la première partie du passage qui nous occupe :

Laudate eum in cordis et organo. Ps. ci., ℣. 4.

Cordas habet et psalterium et cithara, quae superius commemorata sunt. *Organum autem, generale est nomen omnium vasorum musicorum*, quamvis jam obtinuerit consuetudo ut *organa* proprie dicantur ea quae inflatur follibus (quod genus significatum hic esse non arbitror). Nam cum *organum* vocabulum graecum sit, ut dixi, generale omnibus musicis instrumentis, hoc cui folles adhibentur, alio Graeci nomine appellant ; ut autem *organum* dicatur, magis latina, et ea vulgaris est consuetudo.

Le psaltérion et la cithare, dont on a parlé plus haut, ont des cordes. Pour le mot *organum*, c'est le nom général de *tous les instruments de musique*, bien que l'usage ait prévalu de nommer plus proprement *organum* [orgue] ceux que l'air pénètre par le moyen de soufflets (je ne pense pas que ce soit le genre désigné ici). Car, bien qu'*organum* soit un terme grec, qui, ainsi l'ai-je dit, est le nom général de tous les instruments de musique, celui qui a des soufflets est appelé d'un autre nom par les Grecs ; mais le nommer *organum* est la coutume beaucoup plus latine et répandue.

Le prédicateur, qui est renseigné, — et tient à le montrer aux auditeurs, — signale l'amphibologie du terme *organum*. En grec, en effet, l'équivalent ὄργανον signifie seulement *organe* ou *instrument* ; un peu plus loin, à l'explication du dernier verset, saint Augustin l'emploiera dans ce même sens : *voce, ut est per fauces et arteria, sive* ORGANO *aliquo cantantis hominis*, « la voix [est mise en mouvement] par la gorge et les muscles, ou tout autre *organe* de l'homme qui chante ». Donc, premier sens du mot.

Deuxième sens : l'instrument à soufflet. L'évêque prévient qu'il ne croit pas qu'il s'agisse ici, au ℣. 4, de cet instrument, car les Grecs ont un autre terme pour le désigner (évidemment, il a en vue la distinction des orgues *hydraules* et *pneumatiques*). Or, ce qu'il est bon de savoir, et justifie cette remarque de saint Augustin, c'est que le psautier dont il se sert est traduit sur la version grecque des Septante : si cette version avait désigné l'instrument à soufflets, elle aurait eu évidemment non point ἐν ὀργάνῳ, — que le translateur a rendu simplement par l'équivalent latin *in organo*, — mais l'un des deux autres vocables. Donc, du moment que le texte latin, reproduisant fidèlement le grec, dit *organo*, il ne faut pas prendre ce mot, dans ce passage, d'après son acception usuelle et res-

---

1. La cithare était un instrument de la famille des mandolines : le nom, et en partie la forme, sont d'ailleurs conservés dans la « guitare ».

treinte bien que latine, mais, troisième sens du mot, dans la signification générale d'INSTRUMENT de musique, sans autre désignation.

C'est de cela que saint Augustin prévient ses auditeurs : en employant ici, comme dans le psaume qu'il explique, le vocable *organum*, il n'entend pas parler d'un « orgue », mais d'un autre « instrument ». Et cela rend claire toute la seconde partie de ce passage, qui sans cela deviendrait inintelligible :

Quod ergo ait, *in cordis et organo*, videtur mihi aliquod organum quod cordas habet[1] significare voluisse : non enim sola psalteria et cithara cordas habent. Sed quia *in psalterio et cithara*[2], propter sonum ab inferioribus et superioribus, inventum est aliquid quod secundum hanc distinctionem potest intelligi, aliud nos in ipsis cordis quaerere admonuit : quia et ipsae sunt caro, sed jam a corruptione liberata.

Si le psalmiste dit *in cordis et organo*, il me paraît qu'il a voulu parler de quelque *organum* [= instrument] à cordes[1] : car il n'y a pas que les seuls psaltérions et cithares qui aient des cordes. Mais comme dans *in psalterio et cithara*[2], à cause du son qui résonne soit dans la partie inférieure, soit dans la partie supérieure, on a déjà trouvé quelque [allusion] qui puisse être inspirée par cette différence, il a voulu nous avertir ici de chercher autre chose à propos de ces mêmes cordes : c'est qu'elles sont en effet de la chair, mais une chair délivrée de la corruption.

Évidemment, le symbolisme paraîtra à nos contemporains d'un goût bizarre : des cordes à boyaux séchées, image des corps glorifiés, forment des *concetti* un peu trop recherchés ; il est probable que cela convenait à l'esprit des marins de Carthage. Et Dieu sait si les prédicateurs populaires, à quelque époque que ce soit, se sont privés d'images excentriques !

D'ailleurs, au temps même de saint Augustin, le célèbre sermon *De promissionibus Dei* établit des comparaisons entre les âmes des saints et les..... accents aigus, graves et circonflexes servant à la musique, allusion aux neumes primitifs. Le même sermon contient, un peu plus loin, une comparaison entre l'Église chrétienne et un orgue : les saints étant symbolisés par les tuyaux, le Verbe divin est le souffleur, et l'Esprit-Saint est l'air qui fait vibrer l'instrument[3]. C'est donc une comparaison du même ordre que celle du Docteur d'Hippone, et, si l'une n'a pas inspiré l'autre, elles procèdent à coup sûr d'une même idée, proviennent peut-être d'une même source. Et l'on va voir que l'idée, triviale de prime abord, va servir à élever très haut l'esprit.

En effet, « délivrées de la corruption », si ces cordes sont aptes à vibrer, ce n'est jusqu'ici que séparément :

Quibus fortasse ideo addidit « organum » non ut singulae sonent, sed ut diversitate concordissima consonent,

C'est probablement pour cela que le psalmiste leur a adjoint le mot « organum », afin qu'elles ne sonnent pas

---

1. Ce serait rendre le texte incompréhensible que de traduire « orgue à cordes ». L'expression *aliquod organum*, « quelque instrument », revient dans le passage du ꝟ. 8 cité plus haut, *organo aliquo*, avec le sens bien net d' « instrument » ou « organe ».
2. Rappel de l'explication du ꝟ 3.
3. Voir mes *Origines du chant romain*, p. 161, et ma *Musique d'église*, p. 20.

sicut ordinatur [*ou* ordinantur] [1] in organo. Habebunt enim tunc sancti Dei differentias suas consonantes, non dissonantes, id est consentientes, non dissentientes, sicut fit suavissimus concentus ex diversis quidem, sed non inter se adversis sonis.

seules, mais qu'elles consonnent d'une diversité concordante, de la manière qu'elles sont combinées dans l' « organum » (instrument) [*ou* comme cela se fait sur l'orgue] [1]. Car les saints de Dieu auront alors aussi leurs différences consonantes, et non dissonantes, c'est-à-dire s'accordant, et non pas s'opposant, comme en un très suave concert de sons, divers à la vérité, mais qui, entre eux, ne sont point opposés.

1. *Ordinatur* ou *ordinantur* ? Cela change le sens de la phrase et mériterait une petite étude musico-lexicologique ; je remercie ici mon ami Maurice Emmanuel d'avoir bien voulu, à ce sujet, consulter deux maîtres de la philologie latine, MM. L. Havet et P. Lejay. Or, la grammaire, et vraisemblablement le sens voulu par saint Augustin, demandent *ordinantur* : il s'agit de la façon dont les cordes « sont disposées sur l'instrument ». Il est à peine besoin de faire remarquer à nouveau qu'il ne faut pas lire « sur l'orgue », d'abord parce qu'il n'existe point d' « orgue à cordes », et ensuite parce que le prédicateur a pris soin, précédemment, d'avertir qu'il emploie « organum » dans le « sens général d'instrument de musique ». La question semblerait donc réglée : mais les commentateurs du même ps. ou venus après saint Augustin, et qui connaissaient son texte, paraissent avoir compris qu'il s'agissait ici de l'orgue, et ont lu *ordinatur*, « ainsi que cela se fait sur l'orgue ». (Cf. Amalaire, *de Ecclesiasticis officiis*. l. II, c. III. (*Patr. lat.*, t. CV, col. 1107.)

Le sens du passage peut donc rester douteux. Si on lit le pluriel, saint Augustin fait allusion au jeu de deux parties au moins sur les instruments à cordes, en usage dans toute l'antiquité. (Cf. M. Emmanuel, *Histoire de la langue musicale*, I.) Si on lit le singulier, il s'agit de l'orgue : dans ce cas (que ce soit le sens de saint Augustin ou celui des commentateurs), c'est l'allusion la plus ancienne, je crois, au jeu de deux (ou plusieurs ?) parties sur cet instrument.

« PLUS PRÈS DE TOI, MON DIEU ! »

Quelle mélodie chantèrent les naufragés ?

L'admirable exemple de foi religieuse, de discipline, d'empire sur soi-même, donné il y a quelques mois par les victimes du *Titanic*, fut, comme chacun le sait, accompagné et soutenu de l'exécution d'un cantique anglais, dont les paroles sont, parait-il, bien connues et goûtées, par delà le détroit.

Ce fut après une dernière messe, célébrée dans un des salons du navire, par le Révérend Byle, curé catholique d'une paroisse de Londres, assisté d'un pauvre prêtre lithuanien qui accompagnait les émigrants [1] ; des allocutions des deux prêtres suivirent cette messe d'une grandeur unique et tragique, et c'est alors, comme l'ont rapporté des survivants de l'horrible catastrophe, que le capitaine donna à l'orchestre du bord l'ordre d'entonner le cantique *Nearer, my God, to Thee !* que passagers et équipage continuèrent, pour aider la méditation suprème de ceux qui, sous la dernière absolution des deux prêtres, allaient, en pleine vie, passer brusquement, dans un calme merveilleux, de ce monde à l'autre...

Lorsque fut connu l'épisode de cette fin dramatique, où la musique religieuse eut ainsi l'un de ses rôles les meilleurs, l' « hymn » *Nearer, my God, to Thee !* devint un instant célèbre. On en chercha les paroles et la mélodie : on voulut l'exécuter dans les concerts et dans les services funèbres ; on désira la jouer ou la chanter. Malheureusement, la spéculation, qui ne perd jamais ses droits, trouva le moyen d'intervenir, et, de droite et de gauche, d'honnêtes marchands mirent en vente, à qui mieux mieux, paroles françaises et anglaises, et musique « authentique », du *Plus près de toi, mon Dieu !* Le succès n'en est pas épuisé.

Or, à mon grand étonnement, la première partition qui m'en tomba entre les mains, donnait, à l'air de ce chant anglais, un compositeur français ; la mélodie, d'ailleurs intéressante, ne me paraissait nullement avoir le caractère d'une pièce populaire de là-bas. J'en reproduis scrupuleusement le titre et les premières mesures.

1. Voir la revue *l'Eucharistie*, nᵒ du 16 mai 1912, p. 157.

I.   Hymne exécuté à bord du Titanic, dans la nuit du 14 avril 1912.

Plus près de toi, Mon Dieu

Hymne exécuté dans la nuit du 14 Avril 1912

par Messieurs :

W. Hartley, chef d'Orchestre (Anglais).

J. Hume	(Anglais)	J. Clarke	(Anglais)
L.-C. Taylor	id.	Georges Krins	(Belge)
Y.-W. Woodward	id.	Maurice Tricout	(Français)

Du

R. P. LIGONNET

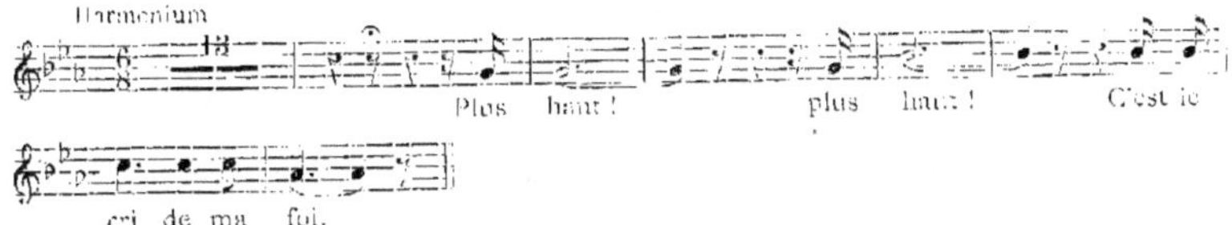

Mais, tandis que je me demandais si c'était bien là le chant entendu
dans la sinistre tragédie, une autre publication me tomba entre les
mains ; voici, comme pour la précédente, le titre et les premières
mesures :

II.   En souvenir du vaisseau « Titanic » et des vaillants qui
ont péri le 15 avril 1912.

PLUS PRÈS DE TOI MON DIEU

(NEARER MY GOD TO THEE)

Hymne exécuté à bord, la nuit, au moment du naufrage.

PAROLES (Françaises et Anglaises) ET MUSIQUE AUTHENTIQUES

D'après le titre, c'était donc là la version *authentique* de l'hymne
célèbre ? Cependant, je doutais, car, à la fin, une note indiquait que
« la musique anglaise » (*sic*) se trouvait dans une autre édition. Perplexité !

Il y avait donc un air français et une « musique anglaise » différente,
pour le même cantique ? Mais, le marchand de musique n'ayant pas
cette autre édition indiquée dans la note, je me rabattis, chez un de ses
confrères, sur la publication suivante :

III. ÉDITION AUTHENTIQUE,
  Texte Anglais et Français

" NEARER MY GOD TO THEE "
PLUS PRÈS DE TOI MON DIEU
CÉLÈBRE HYMNE RELIGIEUX

Exécuté par l'Orchestre du « TITANIC » au moment du naufrage.

Exécuté à Paris, par la Société Philarmonique de Leeds
au Palais du Trocadéro.

Exécuté à la Métropole Notre-Dame de Paris

Selon toute apparence, je possédais enfin l'*authentique* mélodie. et je
l'aurais cru, si, dans le même temps, dans l'*École* (revue de l'enseignement du diocèse de Paris), notre éminent confrère Michel Brenet n'eût
publié ceci :

IV.   PLUS PRÈS DE TOI MON DIEU

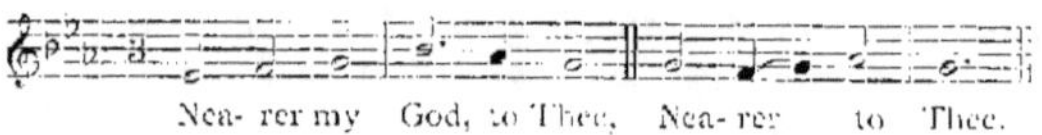

Il y avait franchement de quoi être dérouté : c'était la quatrième
version du fameux cantique !

Cependant, fidèle à sa critique, l'auteur de l'entrefilet qui accompagnait ce chant donnait sa source : il avait emprunté paroles et musique
à *Hymns ancient and modern for use in the service of the church ;* c'est
un recueil de chants religieux anglais populaires, publié par W.-H. Monk.

Un simple rapprochement avec « la musique anglaise » plus haut
signalée montrait que l'on avait affaire à la même mélodie.

Mais, les *Annales politiques et littéraires.* de leur côté, publiaient,
elles aussi, au mois de mai, la *Traduction et musique du cantique anglais chanté par les passagers du* Titanic, *au moment où le bateau
coulait.* Cette Revue l'avait d'ailleurs emprunté au *Figaro* du 27 avril :
voici le début de ce chant :

V.

Cinquième version ! !

Dès lors, devant ces airs différents et les variantes de l'adaptation française, une enquête s'imposait : laquelle, dans ces mélodies, représente, avec le plus de vraisemblance, celle que chantaient encore les victimes du *Titanic* lorsque le navire sombra ?

*
* *

Il nous fut facile d'élucider, tout d'abord, l'origine des paroles françaises les plus répandues :

Plus haut, plus haut ! c'est le cri de ma foi ;

Elles font partie d'une série de cantiques à l'usage des églises calvinistes françaises, publiée par R. Saillens il y a une cinquantaine d'années, et traduisant un choix de cantiques anglais. De fait, les paroles de Saillens, qui sont fort belles, suivent, plutôt largement, celles de l'« hymn » anglais. Ce furent les paroles que prit, il y a bien longtemps, le R. P. Ligonnet, les trouvant expressives, pour en faire le sujet d'une des compositions insérées dans le recueil de ses œuvres, chez Mathieu, éditeur à Paris (aujourd'hui propriété d'E. Coutarel). La mélodie du R. Ligonnet, ci-dessus nº 1, qui revoit actuellement le jour, était, malgré sa valeur, peu connue : ce n'est pas elle que chantèrent les matelots et voyageurs anglais et américains dans le naufrage du *Titanic*.

L'autre mélodie, nº 2, est celle publiée par R. Saillens, et insérée dans les livres protestants français. Elle est, d'après le *Recueil adopté par le Synode général officieux* (Paris et Nancy, 1893) [1], d'origine anglaise, et empruntée au recueil *Songs and Solos*. De fait, on voit très clairement, par la coupe même des vers et de la musique, que celle-ci a été composée pour l'original anglais. L'arrêt, à la fin de la deuxième mesure, sur la blanche, coupe le sens en deux, tandis que la poésie anglaise, nettement coupée, dit :

Et, lorsque au cinquième vers, les paroles originales *Still all my song shall be* sont répétées par un *bis*, sur un motif mélodique d'un degré plus élevé, on remarque plus encore que cette mélodie fut bien faite pour cela. L'adaptation française, au contraire, sous la répétition du texte anglais, donne un seul vers, très malheureusement coupé :

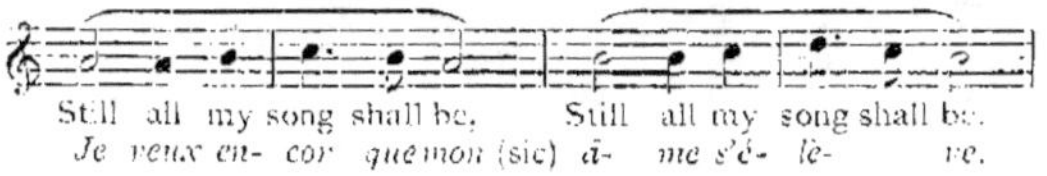

1. Publié par la « Commission du Chant sacré » nommée à la suite du Synode général officieux réuni à Marseille en 1881.

Cette seconde mélodie appartient donc bien au *Nearer my God*. Mais, si elle a été faite *pour* ce cantique, elle n'en est pas *la* mélodie, la mélodie connue, populaire.

Serait-ce le n° 3, médiocre et plat cantique que son titre prétend avoir été exécuté par les chanteurs de Leeds, au fameux concert du Trocadéro, avant le *Requiem* de Berlioz ?

Pas plus. Il suffit de lire la publication dont j'ai reproduit le titre, afin d'être convaincu que la mélodie, anglaise peut-être, n'a point été faite même pour les paroles du *Nearer my God,* qui y sont déplorablement adaptées.

La mélodie publiée par le *Figaro* et les *Annales* ne m'inspire guère plus de confiance, bien que les informations que j'ai recueillies m'aient convaincu que cette version n° 5 est réellement populaire dans certains milieux religieux anglais. Elle a passé le détroit en 1881, avec le *Recueil de cantiques populaires* publié à l'usage des missions méthodistes par le Révérend Saint-Hilaire.

Il nous reste donc un seul thème qui, celui-là, soit le plus authentique, et qui soit vraiment le thème le plus populaire du fameux cantique.

Musique et paroles (qui concordent avec la version publiée par Michel Brenet et la « musique anglaise » plus haut signalée), à quelques variantes près, d'ailleurs assez insignifiantes, dans les paroles, nous sont données, avec le nom de leurs auteurs, dans l'intéressant hymnaire anglican, *The english Hymnal with tunes*, publié à Oxford en 1906. Nous savons ainsi que l'auteur des paroles est Sarah F. Adams (1805-1848), et celui de la musique J.-B. Dykes (1823-1876). L'hymne originale ne contient que trois strophes ; une quatrième est ajoutée par les autres publications : je la reproduis de même.

La musique de Dykes, mélodie et harmonie, est d'une platitude déplorable on comprend fort bien que d'autres compositeurs aient tenté d'y remédier[1], encore que, vraiment, ils n'y aient guère réussi. A titre de documentation, voici cette pièce. Est-ce, cette fois, la *vraie* version *authentique ?*

---

1. Comme Southgate et Hopkins, dans les éditions modernes des *Psaumes* de l'« église presbytérienne ». Ne pas confondre cet E. J. Hopkins, qui vécut de 1818 à 1901, avec ses homonymes du XVII° siècle.

2.

Though, like the wanderer,
The Sun gone down,
Darkness be over me
My rest a stone :
Yet in my dreams I' d be
Nearer, my God, to Thee,
Nearer to Thee !

3.

There let the way appear
Steps unto Heaven ;
All that Thou send'st to me,
In mercy given ;
Angels to beckon me
Nearer, my God, to Thee,
Nearer to Thee !

4

Then, with my waking thoughts
Bright with Thy praise
Out of my stony griefs
Bethel I' ll raise ;
So by my woes to be
Nearer, my God, to Thee,
Nearer to Thee !   Amen.

Est-ce bien la musique qu'ont chantée les naufragés ?

Car sur ce même sujet, un aimable correspondant, M. J. de Zielinski, directeur du Conservatoire de Los Angeles, en Californie, me signala que « si le *Titanic* avait été un bateau américain, nul doute qu'on y aurait certainement chanté la musique de Lowell Mason (1792-1872) », populaire aux États-Unis :

Lowell Mason fut, au cours du xixe siècle, le principal initiateur du développement de l'enseignement du chant dans les écoles publiques et dans les églises protestantes des États-Unis.

Je n'ai pas, dans cette etude, parlé de toutes les mélodies qui me sont parvenues ; mais j'ai connu, — sans en savoir l'auteur ni la forme ori-

ginale, — la précédente, grâce à une « transcription » dont on va juger ;
je supprime l'introduction, afin que l'on savoure mieux les deux mesures
du début (chant à l'unisson, avec accompagnement de « piano ou harmonium ») :

Le reste est dans le même goût : j'en fais grâce aux lecteurs. C'est
la *quinzième* version du fameux cantique, et elle m'arrive d'une maison
d'édition de... Constantinople !

Un mot enfin des trois traductions françaises publiées à ce sujet :
aucune n'est exacte. Dans le désir de faire chanter, tant bien que mal,
des paroles françaises sur les mélodies anglaises, les auteurs de ces
traductions ont plutôt fait de larges, très larges adaptations. Mais un
point commun les réunit toutes trois : faites évidemment par des protestants « libéraux », aucune ne traduit le passage de la strophe 3, où
l'original dit : « *Que les Anges me conduisent* ». Cela a semblé trop
catholique, et on l'a supprimé. Ainsi ont été publiées ces paroles
« authentiques ». Sans commentaire.

Pour y remédier dans une certaine mesure, nous donnons ici une
traduction, qui n'a pas de prétention à être chantée, mais qui, au moins,
a l'avantage de reproduire rigoureusement le sens des paroles.

I. Plus près, mon Dieu, de Toi, — Plus près de Toi ; — Même si sur la croix —
Tu m'élèves, — Toujours mon chant sera : — Plus près, mon Dieu, de Toi, — Plus
près de Toi !

II. Quand, tel le voyageur — S'enfuit le soleil ; — Que la nuit m'environne ; —
Qu'une pierre [pour tout repos] me reste ; — Malgré tout dans mes songes — je
serai — Plus près, mon Dieu, de Toi, — Plus près de Toi !

III. Montre-moi le chemin — Qui conduit au Ciel ; — Tout ce que tu m'enverras,
— Sera donné par ta grâce ; — Que tes Anges m'appellent — Plus près, mon Dieu,
de Toi, — Plus près de Toi !

IV. Alors, dans l'éveil de mes pensées, — Éclatent tes louanges ; — De mes
pénibles douleurs — Un autel je veux élever, — Pour être dans mes souffrances, —
Plus près, mon Dieu, de Toi, — Plus près de Toi !

.·.

Les variations du texte musical, ou, pour mieux dire, des nombreux
textes aussi peu « authentiques » les uns que les autres, ainsi que les
sources douteuses des versions françaises, ont été la cause que des

Évêques de France ont, à juste titre, interdit le chant de ce *Plus près de toi* dans leurs églises.

Cependant, comme on a pu en juger, l'original est très orthodoxe, et on le chante, dans les pays de langue anglaise, chez les catholiques comme chez les dissidents. C'est ce qui a porté M. Jousse à en écrire une excellente traduction, chantée à la cathédrale de Séez, et publiée par M. de La Tombelle dans le numéro de septembre-octobre 1912 de la *Tribune de Saint-Gervais*.

Mais la version de M. Jousse a été écrite pour la mélodie et l'harmonie de J.-B. Dykes. Or, cette question de la mélodie chantée par les naufragés du *Titanic* a suscité toute une enquête, analogue à la mienne, en Angleterre et aux États-Unis. Là, il était plus facile d'aboutir : on a demandé aux survivants de répéter le chant qu'ils avaient exécuté. *Et ce ne fut pas la mélodie du Rév. Dykes qu'on chanta pendant le naufrage, mais bien celle de sir Arthur Sullivan* (1842-1900), composée antérieurement, paraît-il, à celle de Dykes, et que ce choral et les autres airs n'ont pu détrôner dans l'usage habituel de certaines églises d'Angleterre, malgré les manuels notés qui donnent ces diverses mélodies. On pourra consulter, là-dessus, le numéro du *British Bandsman* de juillet 1912.

Ce point d'histoire musicale est donc acquis : les naufragés du *Titanic* chantèrent le *Nearer, my God* (dont la traduction française de M. Jousse est une version fidèle) sur la musique d'A. Sullivan, laquelle, — c'est dommage pour le lyrisme, — est peut-être la plus plate de toutes. La voici à titre documentaire.

Une prose inédite contre les Normands
pour la fête de la Toussaint

Les vieux chroniqueurs racontent la scène émouvante dans laquelle Charles, le grand empereur, aperçut, au loin sur les flots, les barques aux formes mouvementées, aux voiles bizarres, de ces pirates de la mer, par où la *gens Normannica* allait faire irruption sur nos rivages. Seule, la présence de l'empereur, si vieux, si fatigué fût-il, les retenait : celui-ci pressentait que, disparu, les Normannen n'hésiteraient plus à se jeter sur son empire. Et le vieux Charles pleurait : ses larmes allaient se perdre en sa barbe florie.

Vraie ou légendaire, l'anecdote est caractéristique : peu d'années après la mort de Charlemagne, les barbares du Nord tentent leurs premières incursions ; en moins d'un demi-siècle, que de ravages ils ont faits ! On sait comment l'histoire de ces pièces liturgiques que nous nommons « proses » y est intéressée : sans l'exil d'un moine de Jumièges, fuyant, avec son antiphonaire, devant l'invasion, jamais probablement Notker de Saint-Gall, vers 860, n'aurait eu l'idée de développer le genre de ces « vers sur les séquences [1] » que son confrère neustrien apportait avec lui.

A combien de reprises les hommes du Nord ne portent-ils pas le fer et le feu sur les bords de la Manche, sur les rives de la Seine d'où ils rayonnent dans l'intérieur du pays, pillant et revenant quand les fruits du pillage sont consommés, quand les peuples ont eu le temps de réparer les dégâts horribles, d'amasser à nouveau un petit pécule ! De là ce cri bien connu, inséré dans la seconde partie des litanies des saints: *A furore Normannorum, libera nos, Domine*, et le

> *Gentem auferte perfidam*
> *Credentium de finibus,*

comme le continua de chanter l'Église, avec l'auteur franc de l'hymne *Christe Redemptor*. en la nouvelle fête de la Toussaint.

Mais à côté de ces prières classiques, pour ainsi dire, la muse popu-

---

1. Soit dit en passant, si ces « vers » en « prose » peuvent parfaitement s'accommoder d'un certain tempérament, de certaines « diminutions » dans le rythme du chant grégorien, leur origine, leur usage, leur progrès, sont peut-être le démenti le plus éclatant qu'on puisse opposer aux partisans du mensuralisme, et surtout du « neume-pied » dans la mélopée grégorienne. Prenons la phrase suivante, d'après

laire ou cléricale dut trouver d'autres accents, maintenant perdus pour la plupart, afin de supplier le Créateur, par l'intercession de ses saints, d'éloigner le péril.

*
* *

Le célèbre manuscrit latin 17.436 de la Bibliothèque Nationale de Paris, du ixe siècle, l'un des plus anciens de l'Antiphonaire grégorien, connu sous le nom de Charles le Chauve, contient précisément, d'une seconde main, il est vrai, dans les feuillets restés blancs, une pièce de ce genre. A l'heure actuelle, les lacunes qu'a subies le manuscrit depuis le

l'inventeur même de cette dernière théorie (Cf. Graduel Vatican, commun d'un confesseur) :

Comment, nous le demandons, si on avait chanté de la sorte, comment les poètes et les musiciens de ce temps-là eussent-ils eu l'idée d'adapter à ces mélodies variées *une syllabe par note*, ce qui est l'essence des tropes et plus encore des proses ? Essayez de chanter, ou de faire exécuter par un groupe, le trope classique du verset précédent, transcrit suivant cette méthode :

Ouf !! Or, ce qui est déjà bien étonnant avec un simple trope, devient encore plus extravagant avec une séquence.

Et le *Lauda Sion*, dont le type mélodique est beaucoup plus ancien que la prose

moment où, au xviiie siècle, il reçut la reliure aux armes royales, laissent seulement lire, au feuillet 24, la seconde moitié de cette prière :

Summa pia gratia, conservando corpora et custodita,
De gente fera Normannica nos libera, etc.

Mais ce que le manuscrit ne contient plus actuellement, les transcriptions, fréquemment fautives, hélas ! faites par les Bénédictins de Saint-Maur dans leur édition des œuvres de saint Grégoire, t. VI, p. 727, le font connaître [1]. Or, comme ce qui subsiste des paroles, dans le manuscrit, est noté, mais noté en simples notes *in campo aperto*, notre curiosité fut vivement éveillée. Quelle pouvait être la mélodie sur laquelle on chantait cette invocation contre l'invasion des Normands ?

Il n'était tout d'abord pas très difficile, par la critique du texte, et par celle de la musique qui subsiste, de voir qu'on avait affaire à une prose. Mais, où retrouver cette prose en notation claire et au complet ? La disposition, en effet, du texte publié seul, à la fin du xviiie siècle, par les Mauristes est la suivante. A la suite des additions spéciales à ce manuscrit, ils ont imprimé ce que j'ai longtemps considéré comme un fragment de prose à la Vierge :

Gaude eia unica columba speciosa.
Sponsa superno regi consociata. Beata semper Dei genitrix pia virgo Maria.

Puis, après un blanc, notre pièce, accompagnée d'une note :

[a] *Praeclara dies nobis instat, etc.*

La note dont l'indice *a* (qui n'est pas à sa place) est la marque, placée au bas de la page, dit que des petites notes sont disposées au-dessus du texte, pour le chant. Donc, négligeant la prière à la Vierge, je cherchai longtemps et patiemment, dans les prosaires français du xe et du xie siècle, la pièce qui correspondît à ce *Praeclara dies*. De guerre lasse, je me rabattis sur le verset *Gaude eia*, qui, peut-être, pouvait fournir une piste, et, dans le *Repertorium hymnologicum* du chanoine Ul. Chevalier, je tombai effectivement sur une prose commençant de même, mais se trouvant uniquement dans les missels de Reims imprimés depuis la fin du xve siècle, et en l'honneur de saint Nicaise. Cependant,

même : que deviendrait-il ? Il est, en effet, écrit sur l'*Alleluia* de la Sainte-Croix, qui devient, dans la théorie en question : ·

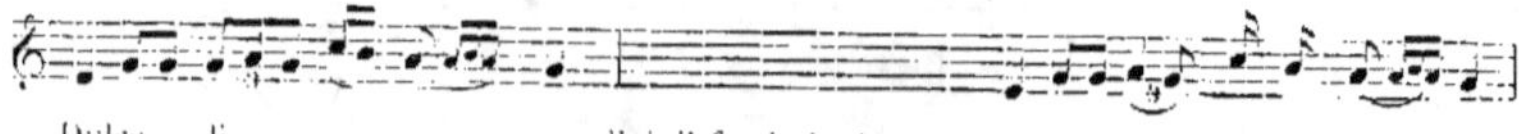

1. Cf. *Patrologie Latine*, t. LXXVIII, col. 721.

si Reims n'est pas très éloigné de Compiègne, d'où provient notre manuscrit, la dévotion à saint Nicaise, dans des missels de 1491 à 1604, paraissait bien distante de l'invasion des Normands ! A tout hasard, je suivis la piste, grâce à l'obligeance du dévoué et érudit M. Henri Jadart, et de l'artiste dévoué qu'est mon élève et ami, M. l'abbé Thinot, l'un Conservateur de la Bibliothèque de Reims, le second, maître de chapelle de la cathédrale [1].

Or, la prose donnée par les missels rémois, — non notés, — en l'honneur de saint Nicaise, l'évêque martyr des Vandales, était bien la même, à quelques variantes près, que celle dont le texte avait été publié par les Mauristes, celle ajoutée à l'antiphonaire de Compiègne.

Restait à en retrouver la notation, et à voir si elle concordait avec les *notulae* du vieux codex. J'avais remarqué, par la disposition déjà quelque peu *diastématique* de ces notes, que la mélodie (dont toute la première moitié manquait) devait suivre un mouvement mélodique ou un mode analogue soit à l'*Ecce pulchra* de la Toussaint [2], soit à l'*Epiphaniam* plus récent [3]. Par malheur, si M. Jadart avait retrouvé, dès le xiiie siècle au moins, la mention du *Gaude eia* pour la fête de saint Nicaise [4], les riches manuscrits de Reims, à la même fête, ne donnaient point la prose ou en donnaient une autre ! Ou, quand ils la donnaient à cette fête, elle n'était point notée ! Conclusion, elle était donc tout de même connue à Reims, mais devait se trouver ailleurs que pour la fête de saint Nicaise.

En effet, par des recherches dont le détail serait trop fastidieux pour mes lecteurs, j'arrivais à retrouver enfin, au complet, paroles et musique du *Gaude eia* dans un unique manuscrit, le beau graduel de la cathédrale, 227 du catalogue rédigé par M. Demaisons (ancien C. 122), du xiie siècle, dont le prosaire a été complété ou recopié au siècle suivant. La prose après laquelle je courais depuis si longtemps s'y trouve, dans le commun des saints, qui va du folio 266 au folio 290. C'est bien le n° 6.767 du Répertoire d'U. Chevalier, et la prière de l'Antiphonaire de Compiègne ; dans ce manuscrit, ce n'est plus en l'honneur de saint Nicaise et avec les variantes des missels ultérieurs, qu'elle nous est offerte, mais pour les martyrs, et avec le même texte que dans le manuscrit antique.

Je m'excuse d'avoir ainsi raconté les principaux détails de ma recherche : ils m'ont paru assez piquants pour la curiosité des lecteurs.

Voici maintenant le texte et la mélodie de cette vieille prose, où l'on prie Dieu contre l'invasion des Normands.

*
* *

1. Je suis heureux, en cette occasion, de leur exprimer ma gratitude pour la peine qu'ils ont bien voulu prendre afin de m'aider dans ces recherches.
2. *Variae Preces* de Solesmes, 3e édition, p. 228.
3. *A Manual of gregorian chant* de Dom Gatard, p. 327, Tournai, 1903.
4. *Saint Nicaise, évêque et martyr rémois, son culte à la cathédrale de Reims, son iconographie, sa liturgie*, in-8° de 48 pages, 1911, Reims, Michaud, libraire de l'Académie. Cf. spécialement p. 20.

LE TEXTE

Le texte du *Gaude eia*, comme il fallait s'y attendre dans une prose de la première époque, est en *clausules* non point rimant, mais presque partout assonancées en *a* [1], à l'instar de *toutes* les proses anténotkériennes, comme le *Salus aeterna* [2], le *Regnantem* [3], ou de certaines proses plus récentes, telle l'*Inviolata*, qui n'apparaît pas avant le XIe siècle.

Le style de la pièce, et plus encore son objet, délimitent aisément l'époque à laquelle elle fut écrite. Elle ne saurait évidemment être postérieure au traité conclu, à Saint-Clair-sur-Epte, en 911, entre Rollon et Charles le Simple ; on ne peut la faire remonter au delà du temps où Amalaire mentionne les séquences, mais les séquences sans paroles, vers 825. Entre ces dates extrêmes, le milieu du IXe siècle où apparaissent les proses de Jumièges, adaptées aux séquences préexistantes, me paraît le temps où a pu naître plus aisément le *Gaude eia*, disons approximativement entre 835 et 860.

Voilà donc ce texte [4], dont nous pouvons restituer les *clausules* grâce surtout à *la musique plus ancienne sur laquelle il a été composé :*

Entrée :   *Gaude eya unica, — columba speciosa,*
            Sponsa superno — Regi consociata.

Strophes : I. — a) *Beata semper, Dei genitrix, pia Virgo Maria :*
            b) *Precamur, alma, preces exaudire digneris ut nostras* [5]

II. — a) *Praeclara dies — nobis instat* [6] *— quae temporum*
            Affert [7] *orbita revoluta :*
            b) *Haec solemnitas — est animae — festivitas*
            Nostrae merito veneranda.

III. — a) *Celebremus eam — lingua vocifera,*
            Decantantes laudes — Domino debitas [8]
            Voce clara.

IV. — a) *Gratulemur in ea,*
            Corde pio, Dominum rogantes mente pura,

1. D'ailleurs, l'assonance perpétuelle en *a* n'est pas d'une rigueur absolue : d'excellentes proses de l'époque primitive ne s'y conforment pas. Voyez *Qui regis sceptra*, et *Ecce pulchra*, dans *Variae preces*, p. 55 et 228 (texte du *Qui regis* dans U. Chevalier, *op. cit.*, p. 28) ; *Jubilemus omnes una*, dans les petites feuilles éditées par la *Schola* (texte seul, *op. cit.*, p. 28).

2. *Variae preces*, 52 ; texte seul dans M. Chevalier, *Poésie liturgique*, p. 27.

3. *Id.*, 53 ; *id.*, p. 27.

4. Nous suivons de préférence, pour l'établissement de ce texte, le ms. latin 17.436 de la Nationale (A), et le 227 de Reims (B), en indiquant les variantes de ces deux mss. et celles des missels rémois posterieurs (C) en note au bas des pages.

5. *Precamur* : phrase qui manque dans la reproduction du texte A par les Bénédictins : il y a une ligne vide à la place. Le ms. aura sans doute été gratté ou abîmé à cet endroit.

6. C. *instat nobis.*

7. C. *refert.*

8. C. *debitas Domino.*

III. — b) *Ut delicta nostra — tergat manu sua,*
     Quibus expediti — psallamus cantica [1]
     In excelsa.

IV. — b) *Summa pia gratia* [2],
     Nostra conservantur [3] *corpora et custodita.*

V. — a) *De gente fera — Normannica — nos libera* [4],
     Quae nostra vastat, Deus, regna :

   b) *Senum iugulat — et iuvenum — ac virginum* [5]
     Puerorum quoque catervam [6]

VI. — a) *Repelle, precamur, — cuncta* [7] *nobis mala :*
     Converte, rogamus, — Domine, supplices [8] *nos ad te* [9]
     Rex gloriae, — es qui vera [10] *— pax, salus pia, spes et*
     firma [11].

   b) *Dona nobis pacem — atque concordiam,*
     Largire nobis spem, — integram fidem simul veram,
     Karitatem — continuam — concede nobis et per-
     fectam.

VII. — a) *Sanctorum precibus nos adjuremur* [12] *— ad haec impe-*
     tranda,

   b) *De quorum passione gratulamur — modo* [13] *gloriosa.*

Finale :   *Sit laus, pax et gloria* [14],
     Trinitati quam [15] *maxima*
     Cuncta per saecula.

A la fin, **A** porte le mot *Amen*, mais il n'est pas noté ; **B** n'a rien ;
C a repris l'*Amen*. On sait d'ailleurs que les proses primitives n'en
avaient pas.

.˙.

1. Je rétablis ici, par les lois de la clausule et de l'assonance, *psallamus cantica*.
A donnait *cantica psallamus* ; B et C *cantica tollamus*. *Cantica* doit évidemment être
à la fin ; *tollamus* [*in excelsa*] est meilleur que *psallamus*, mais, peut-être à cause
de cela, apparaît comme une correction, du même ordre que *omnes* pour *modo*, à la
strophe vii, *b*.
2. C'est ici seulement où le texte est conservé actuellement dans **A**.
3. A, *conservando*.
4. B, *nos libera Normannica* ; C, *Nos libera Wandalica* ; saint Nicaise fut mar-
tyrisé par les Wandales (dans un temps où les proses étaient inconnues).
5. B, *et virginum ac iuvenum*.
6. B. C., *catervas*.
7. A, *a nobis*, mais il n'y a aucune note sur *a*.
8. B et C. : *supplices Domine*.
9. Pour éviter le doute, A a ici (et ailleurs) un point dans le texte.
10. C. *qui es vera*.
11. C. *et spes firma*.
12. C. *adjuvemur nos*.
13. B. *omnes*, à coup sûr meilleur que *modo*, qui ne veut rien dire.
14. B. *Laus sit et pax gloria* ; C. *Laus sit, pax et gloria*.
15. C. *quoque* (?)

Tentons une traduction de ce texte :

Entrée : Réjouis-toi, unique, belle colombe,
Épouse associée au Roi suprême.

I. — Bienheureuse toujours, Mère de Dieu, miséricordieuse Vierge Marie :
Nous t'en prions, ô illustre, daigne exaucer nos prières.

II. — Ce jour célèbre a lui pour nous, ramené par la révolution des temps :
Cette solennité est la fête vraiment vénérable pour notre âme.

III. — *a)* Célébrons-la avec une langue qui porte la voix,
Chantons au Seigneur les louanges qui lui sont dues,
D'une voix claire.

IV. — *a)* Félicitons-nous en elle,
D'un cœur pieux priant le Seigneur avec un esprit pur,

III. — *b)* Pour qu'il daigne, de sa main, effacer nos fautes,
Et, qu'en étant délivrés, nous psalmodiions nos cantiques
Dans les hauteurs.

IV. — *b)* Par ta grâce suprême et pieuse,
Que nos corps soient conservés et gardés.

V. — De la sauvage nation des Normands, délivre-nous,
Elle qui dévaste, ô Dieu, nos royaumes :
Elle met sous le joug les vieillards, et les jeunes gens et les vierges,
Même la foule des enfants.

VI. — Repousse, nous t'en prions, tous ces maux loin de nous ;
Tourne-nous, suppliants, vers toi, nous le demandons, Seigneur,
Roi de gloire, qui es la vraie
Paix, le pieux salut, et l'espérance ferme.
Donne-nous la paix et la concorde,
Accorde-nous l'espérance, la foi intégrale et vraie,
Une charité continue,
Concède-nous qu'elle soit parfaite !

VII. — Que les prières des saints nous aident à obtenir tout cela,
Eux du martyre glorieux desquels nous nous réjouissons.

Finale : Que soit louange, paix et gloire,
A la Trinité plus que très grande
Pendant tous les siècles.

Le texte de cette prose indique bien, en dehors du temps qu'elle décèle, l'occasion pour laquelle elle a été composée : cette fête, « ramenée
par la révolution des temps », autrement dit annuelle, où l'on célèbre à
la fois la Vierge, et la mémoire des saints, et en laquelle on se réjouit
de leurs triomphes, — rappelons-nous l'introït, *Gaudeamus omnes*, —
ne peut être que la fête, nouvelle alors, du 1ᵉʳ novembre, que nous
appelons la Toussaint. C'est en 835, d'après la chronique de Sigisbert
de Gembloux, que l'on commença à la célébrer, et tous les manuscrits
de la fin du siècle ne la possèdent pas encore.

Vraisemblablement, le *Gaude eia* est la première prose composée
pour la fête de Tous les Saints, en ces temps troublés par l'invasion des
Normands.

LA MUSIQUE

En étudiant une prose du ixe siècle, il ne faut pas habituellement s'attendre à trouver une mélodie inconnue, mais tout au plus l'état plus archaïque d'un chant resté en usage. Les paroles d'une prose, en effet, étaient écrites sur les vocalises préexistantes des séquences, ajoutées *ad libitum* aux alléluias qui les appelaient tout naturellement. En nombre restreint, ces séquences se répétaient à diverses fêtes ; lorsqu'on écrivit des paroles, seules les paroles changeaient.

De fait, la notation du manuscrit de Reims ne révèle rien de plus que je n'aie précédemment soupçonné, d'après les notes de l'antiphonaire de Compiègne : la mélodie du *Gaude eia* est celle sur laquelle, au siècle suivant, on écrivit la belle prose de l'Épiphanie signalée plus haut [1].

De son côté, Notker de Saint-Gall, sur le même timbre, écrivait, pour la fête des saints apôtres Pierre et Paul, le très beau

Petre summe Christi pastor [2].

Donc, voilà, en cent ans, trois proses, à notre connaissance, écrites sur le même timbre, sur la même séquence ; soit le *Gaude eia*, approximativement entre 835 et 860, dans une église vraisemblablement du nord de la France : le *Petre summe*, à Saint-Gall, qui semble appartenir à la fin de la vie de Notker, quelque cinquante ans après ; enfin dans le cours du xe siècle, l'*Epiphaniam*, la plus célèbre de toutes, celle par où la mélodie s'est perpétuée au cours des âges. Car on a chanté cette dernière prose jusqu'au xviie siècle.

Mais, si le *Gaude eia* ne nous fait point connaître une nouvelle mélodie, il nous renseigne sur la liberté avec laquelle on transposait de place les clausules mélodiques des séquences, ou comment on les modifiait. En effet, avec ces timbres mélodiques des proses de la première époque, nous n'avons pas encore la rigueur des proses mesurées et rimées du xiie ; la phrase est souple et le rythme est libre.

Par rapport au *Gaude eia*, le *Petre summe* dédouble l'entrée [3], mais les deux strophes, avant la finale, n'y sont pas [4] : l'*Epiphaniam* suit presque les mêmes notes, mais l'entrelacement des motifs III et IV est supprimé. Enfin, de part et d'autre, quelques notes ajoutées ou supprimées ici et là facilitent l'adaptation du texte. Quoi qu'il en soit, on voit que c'est la prose contre « la féroce nation des Normands » qui, des trois, est la plus antique, et la première en date.

---

1. Pierre Aubry l'a publiée aussi dans la *Tribune de Saint-Gervais*, VI, 9 ; texte dans Chevalier, *op. cit.*, p. 41.

2. U. Chevalier, p. 192.

3. La seconde partie de cette entrée, à partir de l'astérisque, est une strophe double.

4. Cela s'explique assez, la strophe VII répétant mélodiquement la première, et les strophes II et VI étant semblables. Une disposition analogue existe dans le *Jubilemus*, du même temps ; mais la « réponse » est à la quinte, avec retour au ton primitif.

La copie qui en a été ajoutée à l'antiphonaire de Compiègne n'est pas contemporaine : la main qui l'a transcrite là décèle seulement la fin du x⁰ ou le xıᵉ siècle. La notation est composée de *virgae jacentes*, de forme messine, avec des liquescentes par places, et un neume long sur l'accent final de *catervas* et *et firma* ; cette disposition, qui se trouve en beaucoup de manuscrits de ces temps-là, pour des cas analogues, indique évidemment l'allongement de l'accent final de chaque strophe dans ce genre de chant ; mais de cet accent seul. La notation du manuscrit de Reims est messine, sur lignes. Pour établir une version très pure de la mélodie, je me suis servi de ces copies, et en même temps des meilleurs textes de l'*Epiphaniam Domini* que j'aie rencontrés dans les prosaires français des xᵉ, xıᵉ et xıı ᵉ siècles, de préférence au *Petre summe*, dont les divergences, propres à l'école de Saint-Gall, ne pouvaient ici qu'égarer [1].

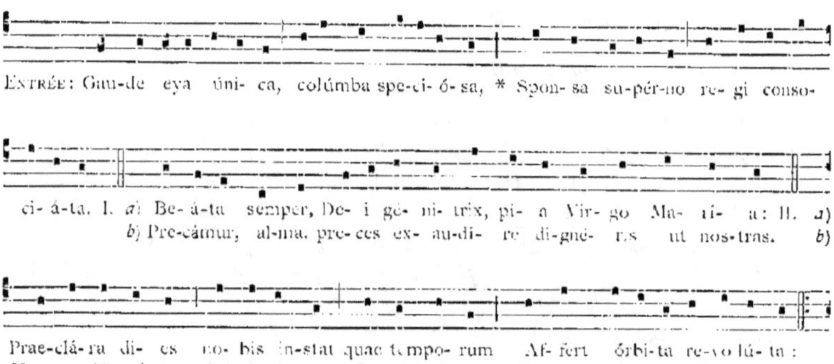

1. Cette étude comparée du chant et des paroles des trois proses permet de restituer rigoureusement la division des strophes de l'*Epiphaniam* et du *Petre summe* : nous la donnons ci-dessous. On remarquera que, bien qu'écrites sur le même timbre que *Gaude eia*, il y a, de-ci, de-là, quelques légères divergences : le numérotage des strophes correspond au *Gaude eia*.

I

Entrée : a) *Petre summe Christi pastor, — et Paulus gentium doctor,*
    b) *Ecclesiam vestris — precibus illuminatam*
    Per circulum terrae — precatus adjuvet vester
 I. — a) *Nam Dominus, — Petre caelorum tibi claves dono dedit .*
    b) *Armigerum — Benjamin, Christus te scit vas electum.*
 II. — a) *Mare planta te, | Petre, — Christus | conculcare | tuae dedit caritati.*
    b) *Umbram tui corporis — infirmis debilibusque fecit medicinam.*
 III. — a) *Doctilogos philosophos*
    Te, Paule, Christus dat vincere
     Voce sua.
    b) *Multiplices victorias,*
    Tu, Paule, Christo per populos
     Acquisisti.

(enchaînez)

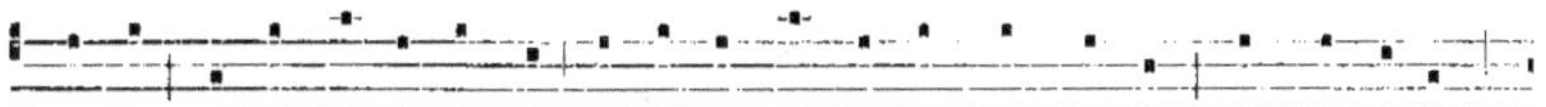

IV. — a) *Postremo victis omnibus — barbaris, ad arcem summi pergitis cul-
minis :*
V. — a) *Germanos discordes — sub jugo Christi pacatos jam coacturi.*
IV. — b) *Ibi Neronis feritas — principis apostolorum praeliis plurimis*
V. — b) *Victores diverse — Petre et Paule, addixerat paenae mortis :*
Finale : *Te crux associat, — te vero gladius cruentus — mittit Christo.*

II

Entrée : *Epiphaniam Domini — canamus gloriosam,
Qua prolem Dei — vere magi adorant.*
I. — a) *Immensam Chaldaei — cujus Persaeque venerantur potentiam.*
b) *Quem cuncti prophetae — praecinere venturum gentes ad salvandas.*
II. — a) *Cujus majestas — ita est — inclinata
Ut assumeret servi formam.*
b) *Ante saecula — qui Deus — et tempora
Homo factus est ex Maria.*
III. — a) *Balaam de quo vaticinans :
Exibit ex Jacob rutilans,
Inquit, stella,*
b) *Et confringet ducum agmina
Regionis Moab maxima
Potentia.*
IV. — a) *Huic magi munera — deferunt praeclara, aurum simul, thus et
myrrham.*
b) *Thure Deum praedicant — auro regem magnum, hominem mortalem
myrrha.*

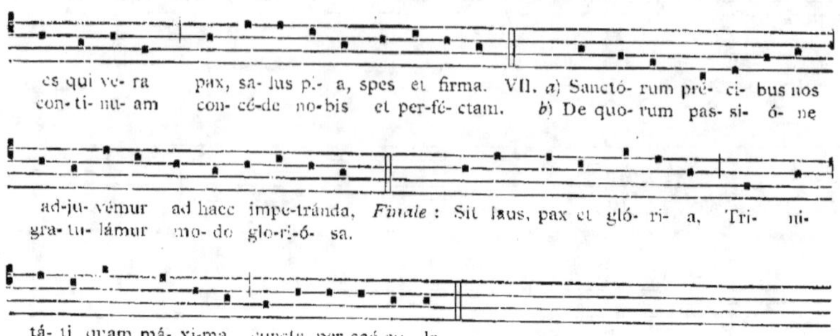

V. — a) *In somnis hos monet — angelus, — ne redeant*
Ad regem commotum propter regna (*).
b) *Pavebat etenim — nimium (*) — regem natum,*
Verens amittere regni jura.

VI. — a) *Magi sibi stella— micante praevia,*
Pergunt itinera — alacres patriam — quae eos
Ducebant — ad propriam — liquentes Herodis mandata
b) *Qui percussus corde — nimium prae ira,*
Infantulos mandat — extemplo per cuncta — inquiri
Bethleem — confinia — et mox privari eos vita.

VII. — a) *Omnis nunc caterva — tinnulum jungat laudibus organi pneuma.*
b) *Mystice offerens — munera Christo Regi regum pretiosa.*

Finale :   *Poscens ut per orbem regna — omnia protegat in saecla — sem-*
piterna.

(*) On peut remarquer ces mots *regna* et *nimium*, qui rappellent évidemment
regna et *iuvenum* du *Gaude eia*.

L' « Adeste fideles »

Ce cantique populaire, pour récent qu'il soit dans l'Église, et pour a-liturgique qu'il y reste, a cependant une histoire.

Bien certainement l'Angleterre est son pays d'origine ; aucun autre livre que les livres anglais ne contient ce chant, avant le xixe siècle, et même le xixe siècle assez avancé. Au contraire, les sources anglaises fournissent, sur ce point, des références notables et suffisantes. Ce sont : un manuscrit de Clongowes-Wood, en Irlande, de 1746, le plus ancien, et qui donne à la fois l'air et les paroles ; un autre, conservé à Stony-hurst College, daté de 1751 ; le *The evening office of the Church*, de 1760 ; *An essay on the Church Plain-chant*, de 1782, dans lequel le chant est imprimé pour la première fois. A part peut-être la copie de Clongowes-Wood, ces livres ont été écrits pour le culte *anglican*. Il en résulte que l'*Adeste* était, dès le second quart du xviiie siècle, habituellement usité en Angleterre.

La mélodie, que M. Jules Meunier, maître de chapelle de Sainte-Clotilde à Paris, a récemment traité d'intéressante façon, en forme de motet [1], est habituellement attribuée à John Reading.

Toutefois, il y eut deux (et même plusieurs) John Reading [2] : deux au moins entre lesquels on puisse hésiter : J. Reading, mort en 1720, organiste de Chichester, et J. Reading, 1677-1764 (et non pas 1766, comme dit Fétis), dont la carrière musicale fut très remplie, avec une apogée qui peut aller de 1720 à 1742 environ. Cette attribution reste toujours la plus vraisemblable [3].

Mais on a aussi attribué l'air de l'*Adeste* à Haendel lui-même. Au moins, existe t-il des rapprochements entre des passages de l'*Adeste* et un fragment de l'air *Pensa ad Amare*, dans son opéra *Ottone*, qui est de 1723 :

---

1. *Répertoire moderne de la Schola*, n° 133.
2. Sur les Reading, voyez le *Dictionnary* de Grove et le *Quellen-Lexicon* d'Eitner.
3. Attribution admise par notre maître Guilmant : voir ses pièces sur les Noels.

D'un autre côté une source française, l'une des recensions de l'opéra-comique de Favart, *Acajou*, joué en 1744, donne à l'air *Rage inutile* un « vaudeville » mentionné sous le nom d'*Air anglois* (ce qui est bien caractéristique); il est inutile de retracer les profondeurs moins nobles où la proximité des théâtres de la Foire Saint-Laurent entraîna cet air, mais plusieurs passages s'en retrouvent presque textuellement dans l'air populaire de l'*Adeste*:

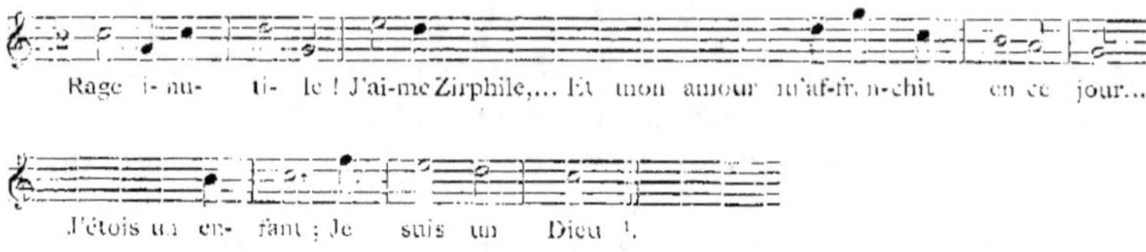

Enfin, à côté de cet *air anglois* de la pièce de Favart, on pourrait retrouver, dans des cantiques anglais de la même époque, des tournures mélodiques analogues. Une vieille *carol* (chant populaire pour Noël), dont la mélodie a été utilisée par l'auteur anonyme des *Hymns for the Year*, publiés en 1867, et qu'on trouvera dans le récent *Westminster Hymnal*, n° 155, présente divers points de contact avec l'*Adeste*:

N'oublions pas que, comme l'*Adeste*, ce fragment appartient à un air de Noël.

.·.

Le dédale où se sont égarés les chercheurs qui s'occupèrent de l'*Adeste* vient surtout des paroles de cette pièce, auxquelles ils ne prêtaient pas une attention suffisante. Or, il y a *deux textes* de ce cantique.

Les deux textes débutent par la même strophe ; la plupart des livres d'origine anglaise, et ceux qui, depuis trois quarts de siècle, servent aux diocèses de l'Ouest de la France, donnent uniquement les strophes commençant par : 1° *Adeste* ; 2° *Deum de Deo* ; 3° *Cantet nunc* ; 4° *Ergo qui natus*. Ces strophes sont irrégulièrement rythmées ; elles ne s'appliquent à la mélodie qu'au moyen d'un « coup de pouce » favorable. D'ailleurs, il semble que le procédé soit visible dès la première strophe,

---

1. L'exemplaire de cette pièce qui est à la Bibliothèque Nationale, Y. Th. 105, n'a pas la musique, ni les mêmes paroles que le couplet cité ici. La musique, avec le texte modifié, se trouve à la Bibliothèque du Conservatoire, mais le transfert et le classement nouveau de cette bibliothèque m'ont empêché de m'y référer. Je la reproduis d'après l'étude de Arkwright, citée plus loin.

où le souci peut-être d'adaptation des paroles à une mélodie préexistante (?) semble avoir causé la répétition du mot *venite, venite in Bethleem*, et du triple *venite adoremus* ; cela paraît plus encore au mot *Adeste*, débutant par une anacrouse, les autres strophes commençant par un accent. (On ne saurait cependant, en dépit de certaines ressemblances, supposer que cette mélodie ait été l' « air anglois » employé pour *Rage inutile*, ou l'un des autres donnés plus haut : le reste de ces chants et la coupe des vers sont trop différents pour cela.)

D'où provient ce texte ?

Le chanoine musicologue Stephen Morelot, qui s'était depuis longtemps occupé de l'*Adeste* (mais au point de vue musical seulement), l'ayant trouvé dans un recueil anglais sous le nom de *Portugese hymn*, (dans les collections Novello), crut « pouvoir émettre la supposition » qu'il avait été composé pour la chapelle de la légation portugaise de Londres, qui jouissait, au regard de la musique, d'une certaine réputation, et qui, comme les autres chapelles d'ambassade, était fréquentée par les catholiques anglais, avant que l'acte d'émancipation leur rendît la liberté d'ouvrir des chapelles à leur usage »[1]. De fait, il paraît que John Reading, plus haut commémoré, fut effectivement l'organiste de cette chapelle, vers 1726 (?)[2]. Si la déduction est vraie, les paroles originales de l'*Adeste* auraient été (?) écrites par un desservant de ladite chapelle. Mais leur présence, dès 1751 au moins, dans un recueil *anglican*, laisse toujours planer une incertitude sur les tout premiers débuts de l'*Adeste*.

Quoiqu'il en soit, le texte en question, l'original, est d'un mètre irrégulier.

Mais ici, va intervenir, curieusement, un épisode de la Révolution française qui causera et la diffusion de l'*Adeste* sur le continent et sa transformation.

Entre 1791 et 1798, un bon nombre de prêtres français, qui n'avaient à opter qu'entre l'exil et la mort (et parmi lesquels se trouvait un de mes arrière-grands-oncles maternels, le chanoine Duclos, jusqu'alors principal du Collège d'Évreux), trouvèrent un refuge à Londres.

L'un d'eux, l'abbé Borderies, était fin lettré et bon versificateur : nombre de cantiques français, toujours chantés, qu'il mit en usage depuis le rétablissement du culte, après le 18 brumaire surtout, sont de lui, et décèlent parfois un vrai poète. Le choix de ses « airs connus » est loin d'être toujours heureux : les paroles, toutefois, sont sonores et convenablement rythmées[3].

---

1. *Musica sacra* de Toulouse, 1898, n° 4, p. 38-39.

2. Et non pas 1626, comme l'a écrit fautivement J. Grison, organiste de la cathédrale de Reims, en publiant une « fantaisie » sur l'*Adeste*.

3. Il est l'auteur du cantique, fameux encore il y a une trentaine d'années : *Célébrons ce grand jour*, d'après le *O Richard, ô mon roi*, de Grétry ; le refrain *Chantons sous cette voûte antique* vise la Sainte-Chapelle, où le Directoire lui avait permis de célébrer la première « première communion » qu'on eût vue depuis la Terreur. (Note du *Manuel des catéchismes* de l'abbé Dupanloup.)

Sans doute l'abbé Borderies, (qui devait mourir évêque de Versailles en 1832), fut-il frappé de la faible prosodie de l'*Adeste* original ? Ce fut lui, — nous en avons pour certain le témoignage de Mgr Dupanloup, son disciple [1] — qui écrivit alors les autres strophes, si bien frappées, *En, grege, Aeterni, Pro nobis*, qu'il popularisa à Paris, et, de là, qui se répandirent dans le reste de la France et en quelques autres pays.

Un ancien curé de Saint-Louis-d'Antin, à Paris, chanoine de la basilique de Saint-Denys sous le second Empire, l'abbé Martin de Noirlieu, se rappelait fort bien, dit un biographe [2], avoir vu « inaugurer » l'usage de l'*Adeste fideles* dans les églises parisiennes, « où il avait été rapporté d'Angleterre par des prêtres émigrés en cette contrée pendant la Révolution, et qui l'avaient entendu chanter dans les églises catholiques de Londres. »

.·.

Au cours du XIXe siècle, en Angleterre principalement, le texte original et celui de l'abbé Borderies se sont mêlés. Et, fait curieux, tandis que les catholiques anglais en sont restés au premier de ces textes, les anglicans ont adopté et ce texte primitif et les additions dues aux strophes composées par le prêtre français.

Il existe, de l'*Adeste*, une version anglaise très populaire, écrite par le chanoine F. Oakeley (1802-1880) et chantée, sur l'air traditionnel, aussi bien par les catholiques que par les autres : [O] *come, all ye faithful*. Cette version correspond aux quatre strophes originales, mais on en a une version amplifiée, où, à l'œuvre de Oakeley, on a joint des strophes écrites par W. T. Brooke et quelques autres, et qui correspondent aux paroles de Borderies. Cette version amplifiée figure, en particulier, dans l'hymnaire anglican d'Oxford, publié en 1906 (n° 614), comme *Processional hymn*, pour la deuxième procession du jour de Noël ; la dernière strophe, la doxologie, *Yea, Lord (Ergo qui natus)* sert pour l'entrée au chœur, et est close par l'*Amen* :

Elle est suivie du ℣. *Blessed is he hath* avec le ℟. *God is the Lord...,* auxquels le célébrant ajoute la « collecte » de la Vierge, « for Lady day ».

1. Même ouvrage.
2. St. MORELOT, *Musica sacra*.

Je passerai sur les déguisements en chant grégorien qu'on a fait subir en France à l'*Adeste* depuis le milieu du xixe siècle ; j'aime mieux sa transcription singulière donnée par les livres de Paris du temps de Mgr de Quélen, temps auquel se rapporte le souvenir de l'abbé Martin de Noirlieu plus haut cité. Voici le début :

etc.

On ne saurait plus naïvement avouer que cette mélodie, bien que notée en plain-chant, appartient à la musique mesurée.

Il y a une vingtaine d'années, Mgr Al. Grospellier, alors professeur chez les Chanoines réguliers de Saint-Antoine, eut l'idée, frappé du caractère des paroles, de les appliquer à une mélodie du psaume « invitatoire » *Venite exsultemus* pour Noël, sorti de l'usage, et qu'il avait trouvée dans un antiphonaire plénier de sa congrégation, datant du xive siècle. A la vérité, la mélodie s'en retrouve en d'autres manuscrits, et elle peut être du xiie siècle. L'adaptation, heureuse [1], eut beaucoup de succès ; elle a fait son chemin à côté de la vieille mélodie anglaise. L'une et l'autre ont d'ailleurs leur charme [2].

⁂

Je résumerai ainsi les données de cette étude en ajoutant des références qui peuvent être utiles aux chercheurs, les autres étant inutiles, ou faisant double emploi :

a) *Adeste fideles* | 2. *Deum de Deo*, mètre irrégulier, 4 strophes, cantique anglais, ms. de 1740 ; mél. de John Reading (?).

b) *Adeste fideles* : 2. *En grege*. Strophes additionnelles de l'abbé Borderies, c. 1791-1798 ; Dupanloup, *Manuel des catéchismes* ; Kent, in *Month*, C, vi, 434 [3] ; S.[tephen] M.[orelot], in *Musica sacra* (Toulouse), xx, 38-39 ; *The English hymnal*, Oxford, 1906, nos 23 et 614 ; Cowan and Love, *The Music of the Church Hymnary* ; Arkwright, in *The Musical Antiquary*, apr. 1910, 188-189 ; *Ordinaire des Saluts*, Paris, 1911, nos 79 et 87 ; *The Westminster hymnal*, 1912, nos 5 et 251 ; *The Musical Times*, aug. 1912, p. 518.

---

1. Editée par la *Revue du chant grégorien.*

2. On les trouvera toutes deux, avec toutes les strophes, dans l'*Ordinaire des Saluts*, Paris, 1911.

3. Je dois connaissance de cette référence à M. le chanoine Ul. Chevalier, membre de l'Institut, à qui je suis heureux d'adresser ici l'expression de ma reconnaissance.

Un coin de la musique d'église au XVIIe siècle

Le chant des Oratoriens :
Louis XIII maître de chapelle

Le *Rorate caeli*, dont la coupe musicale, — strophes avec refrain, — a peut-être inspiré celle de l'*Adeste*, a sûrement déterminé celle de l'*Attende* (qu'on ne rencontre guère avant 1824), est, à coup sûr, parmi les pièces populaires latines chantées à l'Église, la plus connue et, en tout cas, l'une des plus caractéristiques de tout un groupe de mélodies religieuses provenant du répertoire de l'ancienne congrégation de l'Oratoire de France, si florissante au xviie siècle[1]. Encore que la notation qu'on a pris l'habitude de donner à ces chants, et plus encore, les modifications qu'on leur a fait subir, leur prête à tous une allure « grégorienne », le vêtement « ne fait pas le moine » ; ces mélodies ne sont pas du plain-chant corrompu, ou composé suivant la formule d'une époque de décadence : non. Tout comme pour les messes de Du Mont, qui s'apparentent fortement à elles, on a affaire ici à un genre de chant particulier, voulu, dont les auteurs n'ont nullement entendu imiter les mélodies grégoriennes, mais seulement s'en inspirer. C'est, comme le dit le P. Mersenne, un « art nouveau », *artem novam*, avoué, encouragé, par quoi les compositeurs de ce genre ont eu dessein de donner des formes neuves à l'expression musicale religieuse.

A la vérité, il a des ancêtres, cet art nouveau : un bon nombre de cantilènes composées vers le xve siècle offrent déjà, toutes faites, les formules mélodiques qui fleuriront au xviie. Tel le célèbre *Tota pulchra es, Maria*, franciscain. Avant de l'avoir, il y a peu d'années, découvert dans des manuscrits de la fin du moyen âge, on aurait pu

---

1. On pourrait peut-être aussi rapprocher ces pièces de l'*O filii* ; toutefois, si la disposition des couplets avec refrain est la même de part et d'autre, la coupe des strophes et le rythme sont très différents. Les lecteurs de cette étude me permettront de rappeler que j'ai fait l'histoire de ce cantique, et publié ses textes originaux dans la *Tribune de Saint-Gervais*, xiii, p. 82 et s. J'ai retrouvé, depuis, la mélodie, dans des livres d'heures du xviie siècle ; c'est d'après eux qu'elle a été publiée dans l'*Ordinaire des Saluts*, Paris 1911.

croire sinon à une imitation, du moins à une parenté concertée avec les messes de Du Mont :

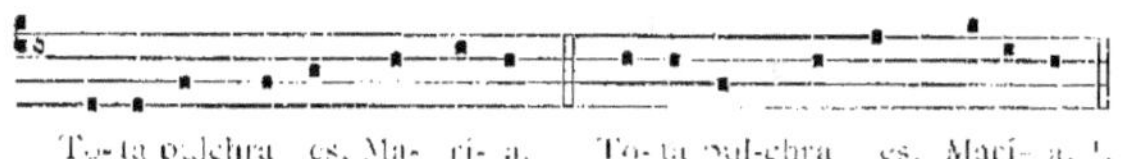

Il n'est pas jusqu'à la sensible, disparue de l'usage presque partout, mais figurant cependant dans les originaux [2], qui ne donne à cette pièce le cachet du « plain-chant musical » du XVIIe :

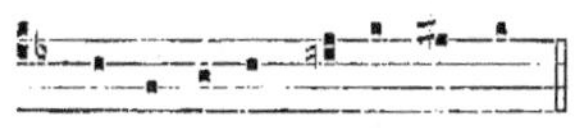

Toutefois, en des pièces de ce genre, la mélodie s'appliquait à des paroles nouvelles, chants a-liturgiques, et d'usage local et variable. Mélodie bien de son époque, et dans la forme même des chants populaires, on conçoit qu'elle ait rencontré du succès, et laissé des traces profondes dans le répertoire religieux.

J'ai plus haut parlé du *Rorate*. Mais ce cantique qui date, comme nous le verrons plus loin, des années 1610 à 1616, a, lui aussi, une parenté singulière avec une curieuse lamentation populaire alors à Venise, appartenant justement à ce genre, et qu'on chantait à deux parties. Voici ceux des versets de cette lamentation, que sûrement a dû connaître l'auteur du *Rorate* ; je les reproduis, en les mettant en partition, d'après le beau *Sacerdotale* de Venise de 1597, folio 254 et suivants [3]. Ce chant est en notation mesurée et, par l'effet de la clé de *fa* au ténor, le *si♭* doit être supposé dans cette partie, comme il est noté dans le *cantus* :

1. Même publication.
2. Cf. *Revue du chant grégorien*, XIII, 137 ; et *Rassegna gregoriana*, III, 605.
3. Je n'en connais que deux exemplaires complets, l'un appartenant à la riche collection de livres liturgiques anciens de MM. Rouart et Cie, éditeurs (Librairie de l'Art Catholique); l'autre dans ma bibliothèque.

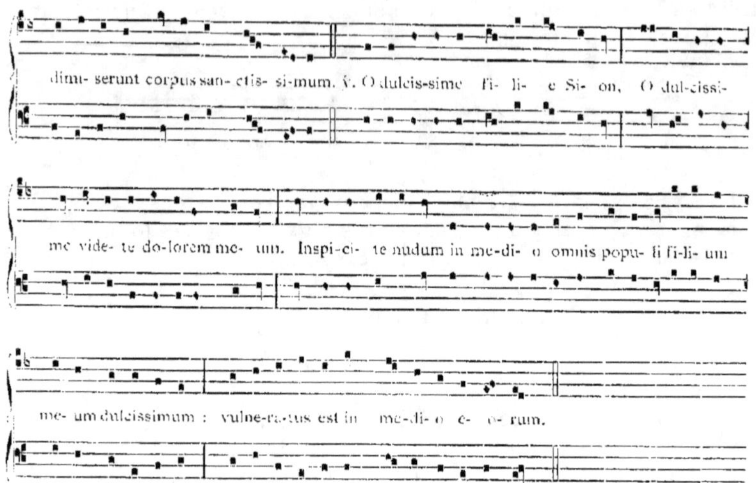

Des pièces, issues du chant populaire, comme le *Tota pulchra es,
Maria* et cette complainte, voilà la mine que vont exploiter, au commencement du xviie siècle, les premiers chantres de l'Oratoire de France,
et cela explique la diffusion rapide et la faveur croissante dont ces airs
nouveaux profiteront.

.·.

Il y a quelques années, j'avais donné dans la *Tribune de Saint-Gervais*[1] une description bibliographique du livre « princeps » des chants
oratoriens, et précédemment, dans mon *Cours* de chant grégorien, une
transcription de quelques-uns d'entre eux[2]. Or, une publication historique que j'ignorais alors est venue en dire, d'une manière plus précise,
les origines ; il faut les retracer, telles que les font connaître les *Mémoires domestiques* de l'Oratoire[3] : c'est une page capitale pour l'histoire du chant à cette époque :

« Quand de la maison du Petit-Bourbon, qui fait aujourd'hui partie
du Val-de-Grâces, nous eûmes passé à celle de la rue St. Honoré,
les gens de la Cour, qui se tenait alors au Louvre, où Louis XIII faisait
sa résidence ordinaire, fréquentèrent fort notre église. Elle devint même,
en quelque façon, leur paroisse, depuis que le roi eut déclaré, par
lettres patentes, qu'il la destinait à être sa chapelle royale, et nous, ses
chapelains du Louvre.

1. Année 1907, p. 13-14.
2. P. 83 ; cf. *Tribune*, 1903, p. 86.
3. P. Louis Batterel, *Mémoires domestiques pour servir à l'histoire de l'Oratoire*,
publiés par Ingold et E. Bonnardet, Paris, Picard, 1902, 4 vol. in-8°. Je souligne moi-
même les passages qui nous intéressent plus spécialement.

« Or, pour leur faire goûter les divins offices et les attirer aux exercices de la prière, M. de Bérulle crut devoir, *au lieu du chant grégorien*, introduire dans notre église *une autre espèce de chant musical*, qui tient et du chant ordinaire et de la musique. L'exécution répondit à ses intentions au delà même de son attente. Ce fut une affluence de toute la Cour à tous nos offices, jusque-là qu'on nous appela d'abord *les Pères au beau chant*. (R. Simon : *Lettres critiques*, t. II, lettre 9e.)

« Des esprits critiques voulurent à tort trouver à redire à cet usage, comme singulier et même profane, parce qu'on avait mis en ce nouveau chant les psaumes et quelques cantiques *sur des airs approchant de diverses chansons communes alors*. Simon, tout impitoyable censeur qu'il est, quand il s'agit de mordre sur nous, répond dans ses *Lettres* que tel a été de tout temps l'usage de l'Église, de tourner en bien les inclinations, même profanes, de ses enfants...

«... Il s'est seulement trompé en ce qu'il a fait le P. Bourgoing de Bourges, l'inventeur de cette nouvelle espèce de chant. Le P. Fardel, dans ses *Mémoires manuscrits* [aujourd'hui perdus] l'attribue au *premier maître de la musique du roi*, qui était chanoine de Péronne, et qui, étant entré parmi nous dans ces premiers temps, proposa d'abord de psalmodier au chœur quelques heures de l'office, *composa ensuite le chant des litanies de Jésus et de la Vierge*, puis celui *de nos vêpres et de nos complies* qu'on trouva si mélodieux, qu'encouragé par l'affluence de peuple qu'ils attiraient chez nous, il en fit sur *toutes les autres parties de l'office*, sur l'*Exaudiat*, sur le *Rorate*, le *Miserere*, qu'il accompagna des diverses parties de la musique. Ce qu'il exécutait tant *avec des instruments de basse, de viole*, qu'avec des voix choisies, qui faisaient un chœur à la tribune, tandis que nos pères en faisaient un autre en bas avec leur chant nouveau. *La musique même du Roi s'y rendait souvent* pour cela, et plus souvent celle de M. le duc de Nevers, qui passait alors pour la meilleure de Paris [1]. »

Tels furent donc les premiers débuts du chant de l'Oratoire [2].

Quel pouvait être ce personnage musical, entré alors dans la Congrégation de l'Oratoire, et qui fut, dans la composition du nouveau chant, au témoignage même des historiens de cette communauté, le premier exécuteur des idées du cardinal de Bérulle ? Rien n'en a, à ma connaissance, transpiré par ailleurs, et les historiens de la chapelle royale, les aumôniers G. Dupeyrat [3], contemporain de ces faits, et Archon [4], pas plus que Oroux [5] plus tard, n'en soufflent mot. G. Dupeyrat, cependant, nomme [6] quelques « sous-maîtres » de la chapelle royale

---

1. *Op. cit., Notice* xxi, t. I, p. 148.
2. Il faut lire dans Castil-Blaze, *Chapelle-musique des Rois de France*, la façon grotesque dont cet auteur a compris et transcrit, en le déformant, tout ce passage qu'il a connu, sans d'ailleurs le citer.
3. *Histoire ecclésiastique de la Cour*, Paris, 1645, in-folio.
4. Même titre, Paris, 1704-1711, 2 vol. in-4°.
5. Même titre, Paris, 1776.
6. *Op. cit.*, p. 483.

à cette époque, et son ouvrage contient un éloge signé d'un autre membre de cette chapelle : les uns et les autres sont pour nous peu connus, tels que Milot, Garnier, Richelet. Est-ce parmi ceux-là qu'il faut chercher ce musicien ?

Le P. Batterel, ou du moins le P. Fardel, qu'il cite, semble cependant bien au courant des faits. Mais il est possible qu'ils aient exagéré, involontairement d'ailleurs, le rôle joué par la musique et les musiciens du roi dans la chapelle de l'Oratoire, car la chapelle royale avait, elle aussi, ce même nom, et ses grands aumôniers portaient alors le titre de « maîtres de la Chapelle », ou « maîtres de l'Oratoire du Roy » (Dupeyrat, *op. cit.*). Ce titre, ou cette fonction, n'impliquait aucun soin donné à la musique, dont la direction appartenait aux « sous-maîtres » de musique et de plain-chant. Le texte du P. Fardel semble bien viser l'un de ces sous-maîtres : mais ceux-ci sont des personnages très connus, tels que du Caurroy, Formé, Picot[1], qui ne furent jamais chanoines de Péronne, et ne firent point partie de la Congrégation de l'Oratoire. Tout au plus, parmi eux, trouve-t-on Thomas Gobert, qui, précédemment « maître » à Péronne, devenu chanoine de St-Quentin, composa, le premier, dit-on, des motets avec instruments[2], dont la description correspond bien à celle donnée par les mémoires oratoriens : mais, vers 1615, date à laquelle nous reporte ces récits, Gobert était encore enfant de chœur. Ce n'est point de lui qu'il s'agit. Qui donc est ce musicien mystérieux ?

Notre érudit confrère Michel Brenet, à qui j'ai communiqué ces points d'interrogation, me signale le prédécesseur de Picot, Étienne Le Roy, qui avait quitté la direction de la chapelle royale, avant 1613 ; cette époque, et cette qualité, — moins toutefois celle de chanoine de Péronne — rentreraient bien dans le signalement donné par le P. Fardel. Mais Étienne Le Roy, déjà abbé de St-Martin dès 1608, et chanoine de la Ste Chapelle depuis 1600, y mourut en 1621[3]. Il serait curieux qu'entre temps il eût quitté sa prébende, pour passer à l'Oratoire, et l'ait reprise plus tard ? Et comment ses titres eussent-ils été oubliés des annalistes de l'Oratoire ? La question me semble donc demeurer entière[4].

De plus, « le P. François Bourgoing, natif de Bourges, qu'il ne faut pas confondre avec le Père général, et qui était aussi musicien, fut reçu en la maison de Paris le 26 novembre 1616 et fut chargé par notre deuxième assemblée générale, continue le P. Fardel, de faire de notre

---

1. Voir les notices consacrées à ces compositeurs par Michel Brenet, *les Musiciens de la Sainte-Chapelle*, Paris, 1910.

2. *Id.*

3. *Les Musiciens de la Sainte-Chapelle*, p. 165, note 2.

4. Je dois ici rendre grâce aux érudits qui ont bien voulu m'aider dans ces recherches infructueuses, M. Michel Brenet qui s'est particulièrement occupé des musiciens de la Chapelle du Roi ; M. l'abbé Bonnardet, des archives de l'Oratoire ; M. Georges Durand, archiviste de la Somme, et M. l'abbé Cocrelle, maître de chapelle de la cathédrale d'Amiens, qui ont fouillé à ce sujet les archives de l'ancienne collégiale de Péronne.

chant un livre réduit en notes de musique où, voulant enchérir sur le premier compositeur, *il nous donna de sa façon le 3ᵉ psaume de Vêpres : Beatus vir...*, etc., et quelques autres chants comme ceux de l'office des morts et celui des litanies de l'enfance. » (*Mémoires cités*, p. 8.)

Le P. Bourgoing, entré dans la Compagnie en 1616, l'année même où l'Oratoire fut transféré de son établissement provisoire du faubourg Saint-Jacques à la rue Saint-Honoré [1], dit, dans la préface du livre en question :

« Eam vero mentem iniecit mihi solicitudo mea de cantionibus Oratorii, quas vt ab oblivione & silentio vindicarem, fecit EMINENTISSIMI CARDINALIS BERVLLII pietas, cujus ego jussu, *abhinc octodecim annis in æde nostrâ Parisiensi assiduè Choro invigilari.* »

Si, en 1634, date à laquelle parut le travail de Bourgoing, celui-ci « donnait ses soins assidûment au Chœur » de l'Oratoire, « depuis dix-huit ans », c'est évidemment qu'il en avait la direction dès 1616, date de son entrée dans la maison de Paris. Alors, il faudrait supposer ou que l'Oratorien ex-musicien de la chapelle du Roi, dont parle le P. Batterel d'après le P. Fardel, ne dirigeait pas la chapelle des Pères, mais seulement y avait quelque influence, ou bien qu'il la dirigeait avant 1616 ; et alors les chants en question n'auraient pas pris naissance à la maison de la rue Saint-Honoré, mais à celle de la rue Saint-Jacques [2] ?

Quoi qu'il en soit, l'ensemble du répertoire, sauf certains chants restés manuscrits et publiés plus tard, trouva place dans le volume suivant, édité chez Pierre Ballard, en 1634 :

BREVIS

PSALMODIÆ RATIO,

AD VSVM PRESBYTERORVM
CONGREGATIONIS ORATORII.

Domini nostri IESV CHRISTI instituta,
in qua, quid, quoue modo tum celebranti,
tum Choristis, aut cuilibet e choro psal-
lendum sit, subjectis regulis declaratur.

AVTHORE
P. FRANCISCO BOVRGOING.
BITVRICENSI,

Congregationis Oratorii Domini nostri
IESV CHRISTI Presbytero : & domus
nostræ Parisiensis Chori Moderatore.

Ce livre est un in-8° de III feuillets et 268 pages. Des additions y furent faites, qui ne figurent pas dans tous les exemplaires connus : 1° la messe

---

1. Voir LEBEUF, *Hist. de la ville et du diocèse de Paris*, t. I, p. 40, 41, II, 138 (de l'éd. Cocheris) ; PIGANIOL DE LA FORCE, *Description de Paris* : la *Gallia christiana*, t. VII, col. 574-575.

2. Il serait assez curieux, si cette seconde hypothèse est exacte, que le chant de l'Oratoire, d'où dériva pour une bonne part la corruption du chant grégorien depuis cette époque, ait pris naissance sur le terrain mitoyen de celui où est maintenant établie notre *Schola*, vouée à la restauration de ce même chant.

des morts et les chants des funérailles, 19 pages ; 2° les lamentations des trois derniers jours de la Semaine sainte, 25 pages ; 3° les chants de diverses processions, 13 pages [1].

Dans la dédicace au P. de Condren, supérieur général, le P. Bourgoing explique que, depuis qu'il avait reçu l'ordre du cardinal de Bérulle de sauver de l'oubli et du silence les chants de l'Oratoire, il a voulu faire un livre à la fois complet, utile, et où *de nouvelles formes de notes* indiquent avec précision la tenue de la voix. De quoi le loue le P. Mersenne, fameux musicologue : « *Artem noram, & exactam Psalmodiæ canendæ... ornatam, non absque singulari voluptate, quæ solet oriri ex diuinorum Eloquiorum ad Harmoniæ modos exactorum contemplatione, perlegi.* » (Approbatio). Chastelain, chanoine de Paris, donnait également son approbation à l'œuvre.

C'est aux pages 16 et 17 que le P. Bourgoing explique son système précis de notation, dont la caractéristique est spécialement l'emploi de « semibrèves », alors dans toute leur nouveauté. L'humanisme florissait, et la tyrannie de la « quantité » mal comprise devenait une maladie. L'auteur y revient encore pages 37. 88, et ailleurs.

Le but avoué de tout cela était d'avoir un chant non seulement nouveau, pour la plupart des cas, mais « bref », éloigné de la « morose multiplicité de notes (!) usitée dans les cathédrales et même les églises paroissiales », enfin « mesuré » suivant la quantité.

Le P. Bourgoing, nous apprennent encore les *Mémoires domestiques*, ne resta point toute sa vie dans la Congrégation.

Son « intempérance » notoire, paraît-il, mal commun aux maîtres de chapelle de ce temps, nous dit Gantez [2], l'en fit sortir dès 1639. Se corrigea-t-il rapidement, la cause faisant supprimer l'effet ? On le retrouve en effet, deux ans après, devenu confesseur des Bénédictines de Picpus, et, en 1641, il publiait un livre sur la psalmodie, qui est surtout un traité ascétique, et où Fétis avait vu, on ne sait comment, une réédition du livre de chant de l'Oratoire. Ce nouvel ouvrage de Bourgoing est intitulé : Le | David | François, | ou | traité | de la saincte psalmodie, | contenant plusieurs advis | ou enseignements méthodiques, pour ceux | qui sont appliquez par estat à chanter | les loüanges de Dieu, (Bibl. Nat., B. 6145).

Le *Brevis psalmodiae ratio* devait cependant connaître une seconde édition, mais bien plus tard, en 1753 (Paris, Claude Hérissant. — Bibl. Nat., B. 7084). Cette édition reproduit à peu près les chants de l'édition originale de Bourgoing, mais avec des additions notables, spécialement des chants pour les saluts et diverses dévotions.

.·.

---

1. Ces suppléments figurent à l'exemplaire qui est dans ma bibliothèque. Celui de la Bibliothèque Nationale, cote B. 3553, ne les a pas.

2. *L'Entretien des musiciens*, passim.

L'influence du chant de l'Oratoire sur la liturgie des églises de France grandit de plus en plus. De notre temps, le *Rorate*, entré depuis un siècle dans l'usage courant, le *Salve, Regina* bien connu. du vᵉ ton[1], un *Tantum ergo* du même mode[2], dont un « double » a formé le chant appelé maintenant « moderne », mais, par-dessus tout, des formules nouvelles pour les psaumes, voilà, en gros, la place des chants oratoriens dans nos habitudes. Cette place, et cette influence, sont manifestes dans le curieux tableau des nouveaux « huit tons », inséré en 1698 à la suite de certains exemplaires du bréviaire néo-parisien de Noailles, (Bibl. Nat., B. 504.) C'est là qu'on trouve, pour la première fois, classé comme IIᵉ ton en A, sous le titre de *Hypoæolius*, parmi les *Mesopycni* (sic !), le ton oratorien du *Dixit Dominus*. que voici d'après l'édition de 1634 :

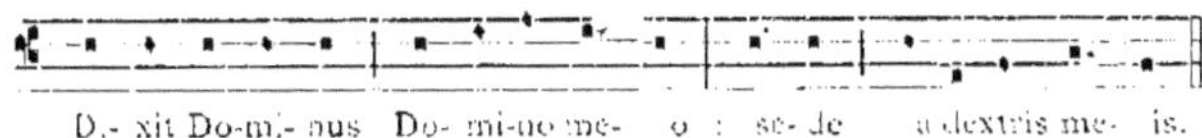

Dans le même tableau du bréviaire de Noailles, on trouve aussi, comme VIᵉ ton, le fameux « royal » usité déjà pour l'*Exaudiat*. Mais une formule contenue dans le *Directorium chori* des Oratoriens en offre évidemment le premier jet :

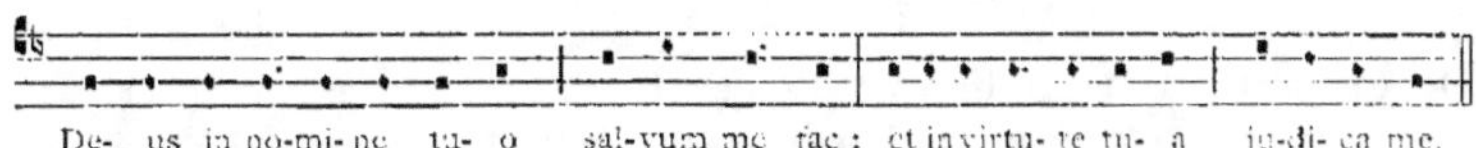

Or, le même thème s'en retrouve dans un faux-bourdon de la même époque, intitulé *Les Grâces du Roy*, pour le *Laudate*, parmi les chants du 6ᵉ ton[3] :

1. Dont on a donné tant de variantes, et duquel un ancien critique, Boucher d'Argis, disait : « Comme le goût change avec le tems, quelques modernes du dernier siècle ont composé cette antienne du 5ᵉ mode, mais sans beaucoup de méthode... L'auteur du nouveau chant fait au contraire monter *Jesum* au plus haut de l'octave, ce qui n'engage pas à incliner le corps par respect ; et son *o clemens* est d'un chant trop bas et trop froid ». Je cite d'après J. de Valois, *le Salve regina*, p. 97, Paris, 1912. J'en ai donné une transcription, d'après l'édition originale de Bourgoing, et une harmonisation à 4 voix selon le goût de l'époque, dans un fascicule édité à la Schola : *Choix de plains-chants et chorals populaires français des XVIIᵉ et XVIIIᵉ siècles.*

2. Même publication.

3. Dans les *Airs sur les hymnes sacrez*, Paris, 1624, in-8º, folios 44-45. Ce recueil fut fait par les Jésuites.

Le vocable de ton « royal », le titre de « Grâces du Roy », nous reporteraient-ils dans l'entourage de Louis XIII, dont la musique de l'Oratoire semble avoir reflété les goûts ? Ne serait-il même point une composition de ce roi musicien ?

C'est qu'en effet le monarque affectionnait ce genre, et peut-être, émule de son antique prédécesseur Robert le Pieux, s'il n'eût eu à présider aux destinées de la France, aurait-il pu s'illustrer dans la musique religieuse. Les publications de ce temps y font diverses allusions, et, flagorneries mises à part, il me semble que les appréciations qu'elles donnent éclaireront ce petit coin de l'histoire musicale, où s'élaborèrent les relations entre le Louvre et l'Oratoire [1].

« On voit, — dit le P. Fr. Bourgoing dans son dernier ouvrage, dédié à Louis XIII lui-même, — en quelle estime estoient les Chantres chez les Iuifs, & combien nostre Dauid les cherissoit, entrant dans leurs concerts avec sa harpe, pour loüer ensemble ce grand Dieu ; ainsi que vostre Maiesté daigne faire quelquefois auec les siens pour honorer ce Roy de gloire & chanter ses diuines loüanges...

« Dauid se delectoit à faire des airs qu'il appliquoit aux paroles de ses diuins Pseaumes, et en suite les concertoit parmy ses Chantres. Et votre Maiesté, Sire, qui n'ignore rien, & entre les autres sciences se plaist à la Musique, où elle trouue ses plus agreables diuertissemens, & fait aussi bien que Dauid des airs & des chants rauissans, qui charment, et frappent doucement l'oreille de ceux qui ont l'honneur de les oüir... [2]. »

De son côté, Louis Archon écrit, d'après des mémoires manuscrits :

« Comme le Roy aimoit la Musique, mais de cette sorte de Musique grave & sérieuse, propre pour les Temples de J. C. où il faut de la simplicité et du recüeillement, dans les momens de loisir qui lui restoient, après avoir donné ses ordres à tout ce qui regardoit l'avancement du siège [de la Rochelle], il s'égayoit à composer des motets ; il n'avoit jamais appris la Musique par regle : cependant il n'y avoit point de Musicien qui manquât moins à ses tons et à ses mesures. La Fête de la Pentecôte étant prochaine, & Sa Majesté n'ayant pas mené avec Elle ni ses Chantres, ni ses Musiciens, Elle montra à un de ses Ecclésiastiques la maniere de noter les Pseaumes qu'on chante aux premières et aux secondes Vépres, & afin que tout fût prêt pour le jour de la Fête, son zele lui fit passer la plûpart d'une nuit à un travail où Elle prenoit plaisir : on vit ce jour-là ce pieux Monarque, comme David au milieu de ses Chantres, les animer par sa voix, les diriger par

---

1. Les sources immédiates, et d'ailleurs bien connues, sur Louis XIII musicien, sont la *Gazette de France* (22 mars 1635), les mémoires de Mme de Montpensier (éd. Poujoulat. pp. 11 et 20), et de Dubois, (éd. Poujoulat. p. 526, en quelques traits d'ailleurs assez brefs ; Louis XIII aurait mis en musique, dans sa dernière maladie, le *De profundis* « qui fut chanté dans sa chambre incontinent après sa mort ». Je préfère reproduire ici les curieux textes qui vont suivre.

2. Le *David françois*, dédicace.

ses mouvemens en chantant les Pseaumes selon les notes qu'il avoit marquées ; et tout cela avec des accords si justes, & des sons si mesurez, qu'on étoit charmé de leur harmonie [1]. »

Et plus loin :

« Comme le Roy aimoit beaucoup la Musique, il avoit composé la sienne d'un tres grand nombre de Musiciens, tous exquis et tres-habiles ; l'on avoüoit que pour la beauté des voix, la multitude des instrumens, la douceur de la symphonie, elle surpassoit infiniment celle de ses prédecesseurs & de tous les Princes de l'Europe : il y avoit deux sous maitres tres-sçavants [2] ; mais ce qui animoit davantage tous les Musiciens, c'est que Sa Majesté prenoit plaisir à mêler sa voix avec les leurs, les redressant quelquefois sur les notes [3]. »

Enfin, Antoine Godeau, le premier écrivain inscrit dans l'Académie française, fait à son tour l'éloge de Louis XIII, dans la préface à sa paraphrase des *Pseaumes de David*. Bien que ce passage ait déjà été cité par d'autres musicologues, je crois bon de le reproduire ici à nouveau, d'après l'édition de 1672, qui donne les « chants corrigez » par Thomas Gobert, « Maistre de la Musique de la Chapelle du Roy, & Chanoine de la sainte Chapelle de Paris », musicien que j'ai mentionné plus haut.

« Le feu Roy, de glorieuse memoire, n'avoit pas dédaigné d'employer la parfaite connoissance qu'il avoit de ce bel Art, sur quatre de mes Pseaumes, qui ont esté imprimez il y a longtemps. Et les plus excellens Maistres ont admiré cette composition. Le pieux divertissement que ce grand Prince y voulut prendre m'est si glorieux, que la modestie m'auroit empêché d'en parler, si je l'eusse jugé plus puissant que toutes mes raisons pour porter ceux à qui ie parle, à imiter le zele & la pieté de ce grand Prince, dont la vie a esté comme un concert harmonieux des plus augustes vertus, & qui ayant restably en tant de lieux les loüanges de Dieu, les vouloit aussi chanter luy-mesme, & travailloit à les mettre dans la bouche de ses subjets d'une maniere agreable ! »

Nous voici donc encore sur une piste nouvelle. Quels sont, parmi les chants corrigés par Gobert, les quatre psaumes français composés par Louis XIII ? Nul moyen direct ne permet de les retrouver : cependant, l'abbé Oroux, dans un livre tardif [4] mais toutefois bien informé, précise le psaume *Seigneur, à qui seul je veux plaire*, comme ayant été mis en musique par le Roi. De son côté, dans ses *Nouveaux élémens du chant*, le P. Souhaitty, minime [5], publie le dessus et la basse de

---

1. ARCHON, *Hist. eccl. de la Cour*, t. II, p. 724 (livre III, ch. XXIX).

2. Voir plus haut, p. 66.

3. ARCHON, *ibid.* p. 771.

4. *Hist. ecclés. de la cour de France*, Paris, 1776, t. II, p. 451. Je dois cette référence à l'amabilité de M. Michel Brenet.

5. Paris, 1677, in-4°, p. 41. (Bibl. Nat., V. 17527.) Le *Salve* de l'Oratoire se trouve également dans l'*Essai du chant de l'Église par la nouvelle méthode des nombres*, du même auteur, paru en 1679, in-8° (Bibl. Nat., rés. V. 2572.)

psaumes de la paraphrase de Godeau, dont la version mélodique est légèrement différente de l'édition susmentionnée. Seraient-ce là les compositions de Louis XIII ? mais encore faudrait-il prouver que Gobert, sans rien dire, les aurait insérés parmis les siennes ; cela ne me paraît guère probable. On voudrait que la « modestie » du premier académicien ne les eût point célées.

Notes rythmiques grégoriennes

La restauration grégorienne poursuivie depuis un demi-siècle par Dom Pothier a rallié, dès le moment où son auteur l'exposa au public dans ses *Mélodies grégoriennes*, le suffrage de la plupart des praticiens et des théoriciens du chant liturgique, et de ceux qui recherchaient la vérité dans l'exécution de la vénérable cantilène romaine. Que certains points de détails soient restés dans l'ombre, rien de plus vrai : en cette matière comme en beaucoup d'autres, il faut se résoudre à ne pas tout savoir ; et c'est précisément à éclairer ces petits coins obscurs que se sont appliquées les recherches, indépendantes les unes des autres, de Dom Mocquereau, de Mgr Foucault, du Dr Wagner, de moi-même : c'est au nom de la science, en effet, aussi bien qu'en celui de l'art, que nous nous sommes ralliés à l'interprétation bénédictine dans son ensemble, et c'est au nom de cette même science et de ce même art que nous cherchons à en élucider les détails incertains. Et n'est-ce pas une remarque digne d'attention que les travaux éclos sous cette inspiration aient conquis l'estime et l'affection d'artistes et de musicologues tels que Vincent d'Indy en France, F. Pedrell en Espagne, Gevaert en Belgique, Perosi en Italie ?

Or, malgré l'imposante quantité et la qualité des musiciens qui se rallièrent autour de Dom Pothier, il arrive encore, de temps à autre, que tel ou tel praticien, touché de diverses objections, ému par une habile dissertation, sente vaciller sa *foi rythmique* et ébranler son *credo grégorien*. Ces objections, cependant, ont été maintes fois réfutées ; à ces dissertations on a répondu, avec des monceaux de preuves à l'appui ; mais, faute sans doute d'avoir eu connaissance de ces publications, on est porté à accorder à ces audacieuses tentatives une importance qu'elles ne méritent nullement.

Tout d'abord, Dom Pothier s'est gardé de rien vouloir innover, ni sur le terrain théorique, ni sur le terrain pratique. Il a pris le fil de la tradition, l'a remonté, en a dégagé le végétation parasitaire, et renoué les brins rompus. Il ne s'agissait pas, en effet, de faire surgir de toutes pièces, de je ne sais quelle nécropole antique, un art inconnu, oublié depuis des millénaires, mais de rappeler au sentiment de la vie un répertoire qui, malgré ses lacunes, ses mutilations, ses notations volontairement corrompues, restait, somme toute, en usage, dans une tradition endormie, tombée en léthargie, mais malgré cela, toujours vivante.

L'*Ad te levavi* qui depuis le viie siècle ouvre le livre grégorien est, pour l'ensemble de la mélodie, le même qu'entonnaient les primiciers de la Scola romaine qui l'apportèrent en Gaule ; le même que contiennent, au xie siècle, les manuscrits de Saint-Gall, de Limoges ou de Saint-Denys ; le même que les graduels romains des diverses éditions, voire les plus défectueuses, ont donné depuis quatre cents ans.

Pour remonter et rétablir ce courant de la tradition, Dom Pothier a dû se faire philologue et retrouver le secret de l'accent latin et la souplesse de la diction : il y a réussi, et personne ne le conteste plus. Pour restaurer la notation, il fallait des paléographes : on les a eus ; les opposants les plus tenaces aux résultats de la réforme bénédictine ne nient point celui-là, et reconnaissent que l'Édition Vaticane, dernier fruit du travail bénédictin, reproduit les neumes des meilleurs et des plus anciens manuscrits. Ce qui est contesté par quelques-uns, c'est la sûreté de l'exécution rythmique de ces mêmes neumes, ou, comme on le dit parfois, avec peu de justesse, de leur interprétation.

Car l'interprétation est une façon de présenter les choses, de manière plus ou moins vivante, mais qui en respecte les lignes. On peut interpréter, par exemple, avec plus ou moins d'expression, ou en la confiant à telles ou telles voix, la polyphonie palestrinienne : la mélodie, le rythme, la durée ou la division des notes restent intactes. L'interprétation, elle, n'est qu'une différence de nuances : mais qu'on exécute les neumes « à la bénédictine », c'est-à-dire, — nous l'allons montrer tout à l'heure — selon la tradition tant de fois séculaire, ou qu'on les chante selon la méthode de mesurage à outrance, de Riemann ou de Dechevrens, ou d'après le « neume-temps » de Houdard, ce n'est plus une nuance, cela ; c'est, dans la plupart des cas, un rythme opposé, une traduction, une restitution, aussi différentes les unes des autres que la restauration d'un château ruiné, par des archéologues en chambre, et la véritable vue qu'en révèlent les vieilles estampes retrouvées après coup.

La tradition, nous la tirons des documents, allusions des auteurs, textes des traités, et des monuments, qui sont les livres de chant. Les uns et les autres, parvenus jusqu'à nous, remontent jusqu'au cours du ixe siècle : dès cette époque, nous pouvons suivre *avec précision* la tradition rythmique du chant grégorien. De l'époque antérieure, il ne subsiste guère que les textes historiques, et des manuscrits grégoriens sans notation. Mais le peu que nous savons des vi^e, viie et viiie siècles est net :

1° L'enseignement antique reste vivant. On se sert, pour la musique, de la doctrine gréco-romaine, représentée principalement par Gaudence, Martianus Capella et saint Augustin. Or, pour eux :

a) Le « temps premier » — disons, par exemple, la croche — est *bref* et *indivisible* [1] ;

b) Tantôt on unit des rythmes semblables, tantôt des rythmes dissemblables, tantôt on les mêle suivant la liberté la plus absolue [2].

2° Dans l'exécution musicale de ces pièces, l'*accent* joue un rôle important : *Per* accentus *viam musicis pedibus composita voce gradiatur*, dit la correspondance de Boèce avec Théodoric et Clovis [3].

3° Dans la cantilène liturgique, ce qui domine, ce sont les rythmes *mêlés* (Aldhelm, *ep. IV*) [4].

Or, que voyons-nous dans l'exécution *traditionnelle* du chant grégorien ? Rien de plus. Chaque élément du neume reste bref et indivisible ; l'accent joue le rôle d'animateur de la mélodie ; et, dans les cantilènes les plus développées, il y a un mélange perpétuel de rythmes de toute espèce.

On a beaucoup attaqué l'expression, employée par Dom Pothier, de « rythme *oratoire* » pour caractériser cette rythmique : mais ce vocable n'est pas de lui. Il est en toutes lettres, ou en équivalent, dans les meilleurs auteurs du XVIIe et du XVIIIe siècle, dans Dom Jumilhac, Lebeuf et Poisson, que je mentionne ici pour souligner la perpétuité de la tradition. Et dans le moyen âge, pour ne citer que deux auteurs célèbres, qu'est donc le « rythme *libre* » — le mot est en toutes lettres — auquel Beda Aristote oppose la nouvelle musique mesurée qui s'organise alors, et qu'est le rythme « *prosaïque* », dont parle Guy d'Arezzo ? Est-ce que ces trois expressions, rythme *oratoire*, *prosaïque* ou *libre*, ne sont pas synonymes ?

Les mensuralistes opposent à cela, il est vrai, la phrase du pseudo-Hucbald : *Omne melos more metri diligenter mensurandum sit* : « Toute mélodie peut, avec diligence, être mesurée à la façon des mètres ». Mais, pour que cela prouve, il ne faut pas, comme les opposants, isoler la phrase de son contexte. Or, dans tout ce qui précède, l'auteur demande seulement que l'on ait soin de conserver l'« égalité » relative des sons brefs et des sons longs entre eux, de ne pas ralentir ceux-ci par un allongement intempestif, *nec nimiae productionis taedeat*, et de ne pas précipiter l'exécution de ceux-là : *nec eos irreverenti festinanti os ignobiliter canens ebulliat*. Et c'est cette « égalité du chant, — ajoute l'auteur de la *Commemoratio brevis*, — qui est nommée par les Grecs *rythme*, par les Latins *nombre*, ce qui montre certainement que toute mélodie peut, avec diligence, être mesurée à la façon des mètres ». On voit qu'il y a loin du texte complet au sens restreint qu'on a voulu voir dans le dernier membre de phrase.

D'ailleurs, le *Scholia enchiriadis*, l'écrit pseudo-hucbaldien qui va de pair avec le précédent, développe et donne un exemple. « Qu'est-ce que

---

1. Donc, avec la croche pour unité, jamais de doubles croches.
2. Je résume simplement ici ce que j'ai exposé tout au long, avec les textes mêmes, dans mes *Origines du chant romain*, p. 36 à 41 et 176 à 192.
3. *Patr. Lat.*, t. LXIX, c. 570, 642.
4. *Id.*, LXXXIX, c. 95 (cf. c. 92).

chanter avec rythme ? dit-il. C'est faire attention à la longueur ou à la brièveté des durées. » Et l'exemple est celui-ci :

« Seules, dans les trois membres, *les dernières sont longues, les autres sont brèves : voilà donc ce que c'est que chanter avec rythme.* »

Cet exemple est typique, probant, indiscutable. Que la note soit seule ou groupée en neumes, il n'importe : chaque son est bref, le dernier seul de la distinction est long. Ce fameux *Ego sum*, s'il n'y avait pas d'autre texte, serait, à lui seul, un fondement suffisant pour montrer que la tradition antique était bien conservée aux environs de l'an 900, et qu'elle est bien d'accord avec ce qui a suivi. Et l'exemple a paru si frappant qu'un ouvrage récent, en citant le texte, a... supprimé l'exemple.

Mais cela était si bien la pratique traditionnelle, que l'invention des *proses* est le meilleur appui de la théorie ci-dessus exposée. Aux vocalises des *tropes* et des *séquences* que les musiciens de la fin du viiie siècle avaient ajoutées à certaines pièces, on adapte des syllabes. Au lieu de chanter, en vocalisant :

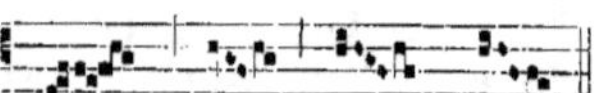

Notker dit, sur le même air, avec les mêmes notes :

Pourquoi ? Parce que, suivant l'enseignement de son maître Yson, le mouvement mélodique d'une note correspond à une syllabe : *Singuli motus cantilenae singulas syllabas debent habere.* (Cité par Notker dans la préface de son *Liber Hymnorum*, Patr. Lat., CXXXI, c. 1003.)

J'ai emprunté cet exemple à Saint-Gall ; j'aurais pu en tirer d'analogues de la Neustrie, de l'Aquitaine ou de l'Italie, pour les ixe et xe siècles. Pourquoi de tels passages sont-ils omis par les opposants de l'enseignement traditionnel ? Parce que, émanés des théoriciens de l'époque même qui vit naître ou nous a conservé ces chants, ils sont la plus formidable réponse qu'on puisse faire à des objections tirées de la fantaisie moderne.

Enfin un dernier appui de la tradition peut être tiré des traités qui parlent de la notation. Qu'est, par exemple, pour l'anonyme du *Quid est cantus*, le seul traité de notation de ces époques, qu'est la note simple ? Une brève : « *Si ipsa simplex fuerit et brevis, facit unum punctum.* » Qu'est-ce qu'un groupe de deux notes, *podatus* ou *clivis* ? Une longue : « *Similiter et longa…circumflexa* ». Qu'est pour lui un groupe de trois notes, tel le *scandicus* ? « Une brève et une longue ». On ne saurait être plus net, et le tableau de neumes de Louvain[1] est conforme à cette même théorie, en superposant à chaque neume l'indication du *pied* antique dont il est formé :

C'est l'illustration, par les faits, du texte fameux de Guy d'Arezzo, que « les neumes tiennent la place des *pieds* ».

On voit que nous ne craignons pas les textes, mais en ne les découpant pas à l'appui d'une théorie préconçue, et en les mettant avec les textes du même ordre par lesquels ils s'éclairent mutuellement. C'est, en somme, le travail même par quoi Dom Pothier reconnut, dans les auteurs, le bien fondé des résultats que l'étude des manuscrits notés révèle. C'est, en résumé, — et le choix fait ici pourrait être augmenté de bien d'autres textes analogues, — c'est la démonstration la plus complète de l'authenticité de la tradition rythmique du chant grégorien : le son isolé, ou groupé, y reste bref et indivisible ; un groupe de deux notes, ou le son tenu suivant certaines règles, y représente la longue ; les groupes ou neumes tiennent la place des *pieds*, et, s'il y a des chants où s'observe la régularité des mètres, il en est autant où le rythme est prosaïque et libre.

Et, s'il n'en avait pas été ainsi, pourquoi donc les premiers maîtres de la musique mesurée, aux xiiᵉ et xiiiᵉ siècles, ont-ils été si embarrassés pour établir et parfaire l'art nouveau qui naissait alors ?

---

1. De Coussemaker. *SS.*, II, 490.

Des précurseurs du « Motu proprio »
à son application

I

S. E. Mgr le Cardinal-Vicaire a publié, sur l'ordre de Sa Sainteté, un édit réglementant la musique d'église à Rome, pour la mise en vigueur et la stricte application du *Motu proprio* sur le même sujet.

Avant de mettre ce document sous les yeux de nos lecteurs, nous avons cru bon de rééditer une ordonnance ecclésiastique et des appréciations esthétiques, qui comptent parmi les plus intéressantes préparations du *Motu proprio* au xixe siècle. Nous y avons fait allusion dans l'ouvrage sur *la Musique d'église* [1].

Les diverses prescriptions portées du xvie au xixe siècle sur ce sujet furent condensées pour la première fois par le Cardinal Engelbert Sterckx, archevêque de Malines, en 1842. C'est le temps où se produisait le mouvement qui amenait, en France, la publication des *Institutions liturgiques* de Dom Guéranger, et la *Lettre pastorale*, très fameuse, de Mgr Parisis, évêque de Langres. L'ordonnance du Cardinal Sterckx, qui fut d'abord publiée en latin, sans explications aucunes, dans la Congrégation des Doyens, du 26 avril 1842, n'eut, dans les temps qui suivirent immédiatement cette promulgation, aucun effet bien pratique. Dix ans après, le Cardinal y revenait ; cette fois, il publiait son ordonnance en français, sous forme de décret, l'enrichissait d' « observations » à la suite de chaque article, et le complétait par un « règlement » destiné à en assurer l'application plus rigoureuse. Nous reproduisons intégralement ce document, dont les « observations » et le « règlement », en complétant les articles originaux, reproduisent en partie le mandement cité, de Mgr Parisis. Cette nouvelle ordonnance fut publiée le 26 avril 1853. Elle fut de la plus haute importance pour la restauration pratique de la musique religieuse, et c'est à elle que l'on doit faire remonter le départ de la belle efflorescence dont la Belgique donna ensuite l'exemple.

PRÉAMBULE DU DÉCRET.

Il est manifeste, d'après les saints Pères et les Conciles, que le chant et la musique doivent être uniquement employés dans les offices divins pour célébrer plus solennellement les louanges de Dieu, pour exciter les fidèles à adorer la Majesté divine et pour élever leurs cœurs aux choses célestes. C'est pourquoi nous recommandons instamment à

1. In-12, Janin, éditeurs, à Lyon, 1911, pages 80 et ailleurs.

MM. les curés et desservants, ainsi qu'aux prêtres qui desservent des chapelles privées, de régler le chant, l'usage de l'orgue et des autres instruments dans les offices divins, de manière que ce but salutaire soit atteint ; de faire cesser et d'éviter tous les abus qui y sont contraires, ou qui répugnent d'une manière quelconque à la sainteté du culte divin. Ils doivent bien remarquer que leurs fonctions leur imposent l'obligation d'avoir soin que le saint sacrifice de la messe et les autres offices soient célébrés avec piété et avec décence, et que les chantres, les organistes et les musiciens s'acquittent de leur tâche comme il convient. Ils doivent surtout faire attention aux dispositions suivantes, qui sont presque toutes tirées des synodes et des décrets des souverains pontifes, notamment de la constitution de Benoit XIV en date du 19 février 1749.

OBSERVATIONS.

Le chant fut admis dans les offices divins dès la naissance du christianisme : l'usage s'en propagea et on y ajouta même la musique, lorsque l'Église eut acquis la liberté de donner au culte divin l'éclat et la pompe convenable ; mais le chant, aussi bien que la musique, y fut admis uniquement dans le but désigné par ce préambule du décret, savoir : *pour célébrer plus solennellement les louanges de Dieu, pour exciter les fidèles à adorer la Majesté divine et pour élever leurs cœurs aux choses célestes.* Les chantres et les musiciens doivent toujours avoir ce but en vue et y diriger tous leurs efforts. Puissent-ils si bien l'atteindre qu'ils parviennent à faire sur les fidèles l'impression que ressentit saint Augustin en entendant le chant de l'église de Milan ! *Combien je versai de pleurs, ô mon Dieu, dit-il, par la forte émotion que je sentais lorsque j'entendais dans votre Église chanter des hymnes et des cantiques à votre louange ! En même temps que ces sons touchants frappaient mes oreilles, votre vérité coulait par eux dans mon cœur, et elle excitait en moi les mouvements de la piété.*

ARTICLE I.

Les hommes religieux entendent plus volontiers le chant plain et soutenu qu'on appelle *grégorien*, si on le chante avec décence et comme il convient ; et ce n'est pas sans raison qu'ils le préfèrent à celui qui est nommé harmonique ou musical. Nous désirons donc qu'on le conserve absolument dans les endroits où il est en usage, et qu'on le rétablisse, qu'on le cultive et qu'on le propage là où il a été aboli, surtout pendant le temps de l'Avent et du Carême, dans l'office des ténèbres de la semaine sainte, et dans tout l'office du vendredi saint, dans les messes des morts, et particulièrement dans les enterrements et les obsèques.

OBSERVATIONS.

Pour se conformer à ce premier article du décret, MM. les curés doivent réunir dans chaque paroisse un nombre de chantres proportionné à l'étendue de l'église : sans cette condition le chant grégorien ne saurait être fait *avec décence et comme il convient ;* et pour cette raison les conseils de fabrique ne sauraient s'opposer aux dépenses qui peuvent en résulter. On obtiendra facilement de bonnes voix, si on met les places au concours et qu'on y attache un traitement convenable. Les maîtres de chant ou les curés doivent, surtout au commencement, réunir souvent tous les chantres pour faire des répétitions générales. Ils doivent s'attacher à former, à cultiver les voix, à apprendre à chanter avec goût, et spécialement à observer avec beaucoup d'ensemble le rythme et la mesure propre au chant grégorien ; ils y donneront toutes les autres instructions nécessaires pour parvenir à une exécution convenable et décente. (Voyez l'art. IV et les observations.) Ils défendront sévèrement aux chantres d'harmoniser à leur manière l'œuvre si respectable de l'antiquité chrétienne, en improvisant une seconde, une troisième partie. L'organiste évitera également avec soin de blesser par son accompagnement la grave simplicité du chant grégorien. (Voyez l'art. VII et les observations.)

Il est à désirer que les éléments du plain-chant soient enseignés dans les écoles primaires. Les enfants qui se distinguent par leurs progrès et par leur bonne conduite trouveraient une douce récompense à être admis à chanter à l'église. Le rétablissement des anciennes maîtrises, où les enfants de chœur recevaient une instruction musicale complète, serait aussi d'une grande utilité pour le progrès du chant et de la musique sacrée. Mais c'est dans les collèges et surtout dans les grands et petits séminaires, que l'on doit propager le goût du chant grégorien par des exercices fréquents et bien dirigés, et par une exécution toujours soignée ; car c'est de ces établissements que doivent sortir ceux qui plus tard devront sous ce rapport diriger les autres, et prévenir les abus.

ARTICLE II.

Si l'on fait usage du chant musical, MM. les curés auront soin qu'il soit grave, décent, suave et religieux, et ils veilleront à ce qu'on n'y mêle point des airs profanes ou qui respirent la légèreté, ni des pièces bruyantes, plus propres à dissiper qu'à nourrir et à exciter les affections pieuses.

OBSERVATIONS.

Dès que dans toutes les paroisses on exécutera exactement les dispositions de l'art. I, la force même des choses fera disparaître de nos solennités un genre de musique qui a donné lieu aux abus indiqués par l'art. II. Le bon goût des musiciens instruits sera là-dessus d'accord avec les sentiments pieux des fidèles.

On ne doit jamais remplacer le plain-chant par la musique, sans avoir tous les éléments nécessaires pour que celle-ci puisse être, au moins relativement, digne de nos temples, autant par le caractère des compositions musicales que par les qualités de ceux qui doivent les exécuter. Il ne faut point dans le lieu saint scandaliser, affliger l'oreille des fidèles, pour plaire aux caprices d'un petit nombre d'amateurs peu éclairés.

Quant aux pièces mêmes, les maîtres de musique n'ignorent pas que peu de compositeurs, parmi les modernes surtout, ont atteint le but que l'Église s'est proposé en permettant la musique dans les offices divins. Elles sont certainement bien rares les pièces dont l'exécution élève le cœur des fidèles à la contemplation des choses célestes et les excite à prier. Sans parler de tant de compositions d'un ordre inférieur, qui n'ont aucun caractère, presque toutes les messes solennelles, presque tous les grands motets s'éloignent du but. Écrits dans ce qu'on appelle le style *dramatique* ou *descriptif*, et comme tels passant et repassant sans cesse d'une nuance à une autre, du tendre au terrible, du calme au bruyant, loin de nourrir la dévotion et d'entretenir le recueillement, ils deviennent un sujet continuel de distraction.

Les maîtres de musique qui ont à cœur de se montrer dignes de la confiance des curés, et de la charge à laquelle ils sont élevés, doivent donc être sévères et prudents dans le choix des pièces, et avoir constamment en vue de bien remplir les intentions de l'Église ; ils doivent s'entourer à cet effet de toutes les lumières et de tous les conseils dont ils peuvent avoir besoin.

ARTICLE III.

Les paroles qu'on chante doivent toujours s'accorder avec l'office, et elles doivent être tirées du Missel, du Bréviaire ou de l'Écriture sainte. On ne peut que très rarement faire usage de la langue vulgaire.

OBSERVATIONS.

Rien n'est plus juste que cette disposition, puisqu'il serait inconvenant de chanter, par exemple, au jubé des cantiques en l'honneur de la sainte Vierge ou d'un saint, pendant que le prêtre est occupé à adorer le saint Sacrement ou à prier pour les morts.

Aussi plusieurs papes ont-ils pris des mesures pour empêcher qu'on ne chante des motets ou d'autres pièces ÉTRANGÈRES à l'office qu'on célèbre. Innocent XII a fait publier un décret concernant la Messe et les Vêpres, dont voici les dispositions : *Sa Sainteté défend absolument de chanter dans aucune église des motets ou d'autres compositions : seulement elle permet à la Messe l'Introït, le Graduel et l'Offertoire, et aux Vêpres les antiennes avant et après les psaumes, sans la moindre altération, de manière que les musiciens se conforment entièrement au chœur : car, comme le chœur ne peut rien ajouter à l'office ou à la Messe, la même défense existe pour les musiciens. Sa Sainteté permet néanmoins qu'à l'Élévation de la Messe et pendant l'exposition du très-saint Sacrement, on chante des motets tirés des hymnes de saint Thomas, ou des antiennes du Bréviaire, ou de la messe de la fête du très saint Sacrement, sans cependant rien changer aux paroles.*

Quant au Salut, les chantres doivent prendre pour règle invariable de chanter des psaumes, des hymnes, des antiennes ou des motets qui correspondent à l'oraison qui doit les suivre, et ils ne doivent jamais se permettre de remplacer l'*Ave Maria* par une autre pièce de chant quelconque. Ce serait pécher grièvement contre les prescriptions de cet article, que d'exécuter au salut des oratorios, des cantiques ou d'autres motets qui n'ont pas de rapport au saint Sacrement, à la sainte Vierge ou aux saints dont on fait la commémoraison.

ARTICLE IV.

Il faut toujours avoir soin que les paroles qu'on chante puissent être bien entendues et comprises.

OBSERVATIONS.

Les chantres doivent donc s'attacher à bien prononcer les paroles qu'ils chantent. Il est à désirer que lorsqu'ils ne savent pas la langue latine, MM. les curés et vicaires les exercent dans la prononciation.

Pour parvenir à une exécution convenable, non seulement le maître de chant doit avoir étudié le sens des paroles ; il faut encore qu'il soit pénétré des sentiments qu'elles expriment, et qu'il ait l'art de communiquer ceux-ci à tous les exécutants.

ARTICLE V.

Ce qu'on chante à l'Introït, à l'Offertoire, à l'Élévation et à la Communion ne peut être prolongé de manière que le célébrant soit obligé d'attendre et d'interrompre le sacrifice. De même le *Gloria*, le *Credo* et ce qu'on chante le soir au Salut, ne doit pas être tellement long, que la Messe sans sermon dure plus d'une heure, et le Salut plus de trois quarts d'heure. Car il est certain que la trop grande longueur des offices divins nuit à la piété des fidèles.

OBSERVATIONS.

L'Église défend d'une manière rigoureuse que le saint sacrifice de la Messe, une fois qu'il est commencé, soit interrompu sans motif légitime ; et l'on comprend facilement qu'il ne peut être loisible aux chantres et aux musiciens de suspendre cette sainte action pour achever une pièce de chant ou de musique. Les maîtres de chant doivent donc choisir les pièces de manière qu'ils ne fassent pas attendre le prêtre, lorsqu'il doit commencer le *Gloria in excelsis*, la Préface, le *Pater noster* ou le *Dominus vobiscum* après la Communion.

Cet article prescrit avec raison que la Messe ne dure pas plus d'une heure, ni le Salut plus de trois quarts d'heure : car l'expérience prouve que la trop grande longueur des offices en détourne bien des personnes.

ARTICLE VI.

Si on fait accompagner le chant par des instruments de musique, *il faut qu'ils servent uniquement*, d'après l'avis de Benoit XIV, Constit. citée, § 12, *à ajouter de la force au chant, afin que le sens des paroles pénètre mieux dans le cœur de ceux qui écoutent, que l'esprit des fidèles soit excité à la contemplation des choses spirituelles et à l'amour de Dieu et des choses divines*. On doit donc prendre garde que les instruments ne couvrent la voix des chantres et n'étouffent, pour ainsi dire, le sens des paroles.

OBSERVATIONS.

Les auteurs qui ont écrit sur la musique sacrée ne sont pas d'accord sur l'emploi des instruments. Il y en a qui prétendent qu'ils doivent être totalement exclus des églises ; ils ont pour eux l'usage établi de temps immémorial dans la chapelle papale. D'autres soutiennent que les instruments peuvent être admis, mais ils exceptent les violons, parce que, disent-ils, leurs sons aigus excitent plutôt la gaieté qu'ils n'inspirent ce profond respect et ce recueillement qu'exigent nos saints mystères. D'autres voudraient qu'on se bornât aux instruments à vent, tandis que le Concile de Milan, tenu sous saint Charles Borromée, exclut aussi ces derniers et veut qu'on se borne absolument à l'orgue. Le savant pape Benoît XIV, après avoir rapporté les différentes opinions, ajoute qu'il a consulté des maîtres de chapelle distingués, et que, d'après leur avis, il conseille de n'employer dans les églises que l'orgue, le basson, le violoncelle, la viole et les violons, parce que ces instruments servent à corroborer et à soutenir la voix des chantres, et de bannir tous les autres instruments, parce qu'ils rendent la musique trop théâtrale. Depuis cette époque de nouveaux instruments ont été inventés, d'autres ont été perfectionnés. Nous pensons qu'il est inutile de prescrire une règle générale sur le choix des instruments ; car il est certain *que si*, comme dit l'article six, *les instruments ne peuvent servir qu'à ajouter de la force au chant, et qu'ils ne peuvent couvrir la voix des chantres, ni étouffer, pour ainsi dire, le sens des paroles*, et dès lors un bon maître de musique doit d'abord se procurer un nombre suffisant de voix, et choisir ensuite les instruments de manière à renforcer le chant sans le couvrir.

Ceci rentre d'ailleurs dans l'art. Il et tend à proscrire des églises ce genre de musique moderne, où les instruments font souvent la partie principale, et les voix ne ont qu'accompagner.

ARTICLE VII.

Les symphonies qu'on exécute avec les seuls instruments et sans chant, si on en fait usage dans les processions ou dans d'autres offices divins, doivent être graves et de nature à exciter la dévotion, et il faut qu'elles n'ennuient pas par leur longueur.

OBSERVATIONS.

L'Église ne défend point d'exécuter pendant les offices divins des pièces d'orgue ou des morceaux d'ensemble au moyen d'autres instruments, pour remplir les intervalles où le chant cesse : mais elle exige avec raison que ces pièces soient graves et toujours de nature à exciter les fidèles au recueillement et à la prière, et qu'elles ne fatiguent point par une longueur démesurée. C'est à quoi les organistes doivent bien faire attention, car il ne faut pas qu'ils se permettent de tirer d'un instrument, religieux par excellence, des sons légers et même entièrement profanes.

Il est impossible que tous les organistes soient doués de talents nécessaires pour improviser d'une manière décente, surtout dans ce style grave et sévère qui seul convient à l'église ; c'est pourquoi il serait à désirer qu'on publiât des cahiers ou manuels approuvés, dans lesquels on donnerait des *préludes*, des *accompagnements* et des *versets* pour les diverses Messes en plain-chant, ainsi que pour les antiennes les plus usitées au Salut : les organistes s'en serviraient avec avantage : dans certains cas, ils pourraient même être obligés de s'y conformer exactement.

ARTICLE VIII.

Nous recommandons d'écarter de la musique sacrée tout ce qui est étranger à son but, tout ce qui ne sert qu'à satisfaire la curiosité ou le plaisir du public, ou à donner de la réputation aux auteurs. Nous défendons sévèrement d'introduire dans les églises les chants ou les airs de théâtre, la musique militaire ou mondaine.

OBSERVATIONS.

Il faut le répéter ici : on ne s'écarte que trop souvent du but de la musique sacrée. On l'emploie pour attirer plus de monde aux offices, et tandis qu'on éloigne les personnes vraiment pieuses, on y attire celles qui ne viennent que pour la musique, et dont la conduite à l'église ferait souhaiter qu'elles n'y vinssent point.

Rien n'est plus révoltant que d'entendre à l'église des pièces de théâtre, des marches au son desquelles le soldat est conduit au combat, ou des airs qu'on chante dans les rues ou dans les réunions mondaines. C'est une véritable profanation de la maison de Dieu, que d'y exécuter des pièces semblables. Les organistes et les maîtres de musique doivent donc avoir un soin tout particulier de s'assurer que les pièces qu'ils jouent ou font jouer, soient sous ce rapport à l'abri de tout reproche.

Il y a un abus qu'il est bon de signaler ici d'une manière spéciale. Il arrive quelquefois que des sociétés d'harmonie, admises à l'église ou aux processions, poussent l'oubli des convenances jusqu'à y faire entendre des *marches guerrières*, des *airs de danse*, des *ouvertures*, des *mélanges* ou d'autres *divertissements sur des motifs d'opéras ou sur des thèmes profanes*. **MM.** les curés, avant d'admettre un corps de musique dans leur église, doivent prendre connaissance des titres et du caractère de tout ce qu'il se propose d'exécuter, afin de s'assurer d'avance qu'il ne jouera rien de contraire à la sainteté du lieu.

ARTICLE IX.

MM. les curés auront soin que ceux qui sont admis à chanter, à toucher l'orgue ou à jouer des instruments dans les offices divins et surtout dans les processions, mènent une vie vraiment chrétienne, et s'acquittent de leur charge avec piété et avec décence. On n'admettra les personnes du sexe que dans les chapelles et les églises des religieuses.

Nous ordonnons aux curés et aux recteurs des églises et chapelles d'expliquer avec soin tout ce qui précède aux organistes et aux maîtres de chant et de musique, et de leur recommander d'avoir constamment devant les yeux le but que l'Église veut obtenir par le chant et la musique.

OBSERVATIONS.

Un auteur dit avec raison au sujet de ce dernier article du décret qu'il lui paraît plus qu'étrange de rencontrer aux jubés des exécutants et même des directeurs d'orchestre du théâtre. *Comment est-il possible*, ajoute-t-il, *que ces personnes aient le goût sévère et pieux de la musique religieuse, elles qui s'occupent habituellement de la musique légère et profane ?*

Les sociétés d'harmonie laissent quelquefois beaucoup à désirer sous le rapport de la conduite de leurs membres, ou de la manière dont ils se comportent pendant les offices ou les processions. Dans ces cas, MM. les curés ne peuvent pas les y admettre, et ils doivent se contenter du chant ordinaire, à moins qu'ils ne préfèrent employer dans les processions des chœurs de chantres avec accompagnement d'instruments à vent, ou des chœurs de jeunes gens, auxquels ils auraient fait apprendre des hymnes, des cantiques ou d'autres chants d'ensemble, écrits en style religieux sur les paroles du Processionnel.

II

L'excellent règlement du cardinal Sterckx pour la musique sacrée ne produisit pas, dès le début, tout le fruit qu'on en pouvait espérer. Il fallait que, peu à peu, les idées transformassent les habitudes : *quid leges sine moribus ?*

L'histoire de cette longue restauration est connue : depuis trois quarts de siècle, en Belgique, en Allemagne, en France, la lutte contre la routine, contre les idées fausses en fait d'art religieux, les efforts pour la restauration du chant liturgique, tout cela aboutit à la belle floraison actuelle.

Parmi les divers travaux et études publiés pendant cette longue période, il est intéressant de mettre à part, malgré ses quelques faiblesses historiques, l'opuscule publié, en 1880, par M. Edmond Monnier, membre de la Société Saint-Jean [1], sous

---

1. Chez Lecoffre, à Paris et à Lyon ; in-8° de 44 pages.

le titre : *La musique religieuse et le plain-chant devant les prescriptions du Concile de Trente.*

Dès le début, l'opuscule se présente avec l'épigraphe : *Instaurare omnia in Christo,* et, au milieu des nombreuses publications de cette longue période, c'est peut-être la seule qui s'efforce de trouver les principes et les bases de l'art liturgique.

A ce titre, le travail de M. E. Monnier est donc un des précurseurs directs du *Motu proprio* de Pie X, et il sera piquant de les rapprocher. Nous reproduisons la principale partie de cette étude, intéressante contribution à la philosophie de la musique religieuse.

Principes et bases de la musique sacrée.

Le chant officiel de l'Église catholique romaine, c'est-à-dire celui qu'elle a choisi pour son usage, c'est le plain-chant, dit grégorien, « institué par saint Grégoire, et dont l'Église latine a toujours fait « usage depuis ; *cantus planus quem sanctus Gregorius adinvenit, et* « *quo postea semper usa est Ecclesia latina* ». — « C'est ce chant qui « excite les cœurs des fidèles à la dévotion et à la piété, dit Benoît XIV..., « et c'est avec raison qu'il est préféré à cet autre chant que l'on appelle « harmonique ou musical. » — (Benoit XIV, Encyclique *Annus qui...* 1750.)

Le plain-chant grégorien appartient essentiellement au genre diatonique, universellement considéré comme le plus naturel de tous les genres.

La *musique figurée*, dont l'usage s'est établi concurremment avec celui du plain-chant dans un certain nombre d'églises, a conservé jusqu'à la fin du xvie siècle une constitution purement diatonique, et ne différant point, quant à la tonalité, du plain-chant lui-même. Cette même tonalité se retrouve à peu près intacte dans la musique séculière en usage durant la même période.

La musique d'église est une espèce particulière d'un genre qui constitue la musique religieuse. Elle comprend exclusivement celle qui doit être exécutée aux offices, et chantée sur des textes de la liturgie. — La musique religieuse embrasse toute musique dont le caractère élevé est propre à exciter dans l'âme le sentiment religieux.

Il ne suffit donc pas, pour qu'une musique ait le droit de se faire admettre dans l'office divin, qu'elle présente un caractère religieux plus ou moins prononcé. Il faut que, par ses formes et le caractère de sa tonalité, elle ne s'écarte pas de la tradition fixée par l'Église en cette matière. C'est seulement *par pure tolérance* que les autorités ecclésiastiques ont pu et peuvent encore laisser s'introduire dans les offices une musique qui ne satisfait pas à toutes les conditions du *style ecclésiastique.*

Dans l'hypothèse de la tolérance, qui ferait admettre, pour la célébration des offices, un genre de musique plus ou moins différent de celui qui vient d'être défini, la considération de ce type n'en serait pas moins d'une haute importance pour prévenir les abus condamnés par l'Église.

Autre chose est l'abus, autre chose est l'usage : l'Église a toujours proscrit le premier, et jamais le second. Si le discernement des abus est abandonné au *critérium* individuel, il n'y aura jamais de bases certaines pour déterminer la limite entre cet abus et l'usage lui-même. Il faut donc en revenir à la voix de l'autorité, laquelle ne procède que par les principes généraux établis plus haut.

Cette distinction posée, il nous reste à déterminer le *critérium* à l'aide duquel on peut discerner sûrement les caractères de la musique d'église. Or, en matière de musique religieuse, comme en ce qui concerne les formes générales et le détail même du culte divin, l'Église n'a jamais eu recours au *critérium* du sentiment individuel. S'en rapporter pour les convenances de la musique d'église à ce *critérium* individuel, c'est constituer un arbitraire qui doit infailliblement engendrer des abus plus ou moins graves.

.·.

Les règles à poser en cette matière comportent nécessairement, dans une certaine mesure, la détermination du genre de musique qu'il faut adopter, tant au point de vue de la tonalité qu'à celui du rythme. Ces règles se déduisent d'un type, qui ne saurait être autre que le chant officiel de l'Église.

Le plain-chant est, il est vrai, une musique archaïque, créée par l'Église et pour l'Église : mais c'est un fait prouvé par l'histoire, que la musique moderne a dû sa naissance au besoin d'exprimer un ordre de sentiments tout différents, souvent même opposés à ceux qui se rapportent au culte divin. La musique moderne exprime les passions humaines ; en d'autres termes, elle est essentiellement dramatique, et ce n'est que par voie d'emprunt qu'elle s'est introduite dans les temples.

Par le fait même que le plain-chant est une forme archaïque de l'art musical, on croit généralement qu'ayant cessé peu à peu d'être compris des auditeurs, dans la mesure même de leur préférence pour l'autre genre de musique, son exécution reste de plus en plus difficile et défectueuse. Il semblerait résulter de cette opinion, si elle était fondée, qu'il y a comme une impossibilité d'en apprécier les beautés, et qu'il est plus difficile d'exécuter le plain-chant avec la perfection qu'il comporte, qu'il ne l'est d'interpréter convenablement la musique moderne, de laquelle notre goût et nos oreilles se sont fait une habitude exclusive.

L'objection, en effet, serait insurmontable, si les éléments dont se compose la tonalité du plain-chant étaient essentiellement différents de ceux de la musique moderne, ce qui n'est pas. Le genre diatonique, dans lequel se renferme exclusivement le plain-chant, a continué à subsister intégralement dans la musique moderne, simultanément avec les nouveaux éléments dont elle s'est successivement enrichie.

En restreignant, pour la musique d'église, les éléments qu'emploie l'art musical dans ses libres manifestations, on n'asservit pas le génie, et on ne lui enlève pas les moyens de se livrer à ses inspirations, en rendant tout progrès impossible. L'Église, en faisant entrer la musique à son service, n'a pas eu précisément en vue, il est vrai, de travailler au développement de l'art, mais de se donner un auxiliaire utile et propre à relever la pompe de ses cérémonies.

Son culte est, de sa nature, astreint à des formes hiératiques traditionnelles, auxquelles l'art musical doit se conformer, pour demeurer en harmonie avec le tout, dont il est une partie. Autrement, on n'arriverait qu'à constituer un corps hybride.

D'ailleurs, les progrès de l'art, dans l'ordre de la musique non plus simplement ecclésiastique, mais religieuse, ont toute liberté de s'accomplir, avec le *genre de l'oratorio*, genre qui a pris naissance dans l'Église elle-même, et qui a donné lieu à tant de chefs-d'œuvre.

En un mot, en maintenant dans son culte avec fermeté la tradition d'un art austère, participant de l'immobilité de ce culte lui-même, l'Église fait pour le progrès de l'art musical infiniment plus qu'elle ne ferait en le livrant aveuglément à tous ses caprices. L'art vit de traditions, et l'expérience prouve que la décadence s'opère en proportion de l'oubli dans lequel cette tradition viendrait à tomber.

En conséquence, le chant et la musique ne sont que des auxiliaires du culte divin, en tant qu'ils ne doivent servir qu'à faire ressortir le sens des paroles liturgiques ; ils ne sauraient donc jamais devenir l'*objet principal de l'attention des auditeurs.*

En effet, une des traditions de l'Église les plus importantes, à laquelle le Concile de Trente attachait le plus de prix, était celle de l'audition des paroles de la liturgie.

Saint Augustin, voulant exprimer l'impression qu'il éprouvait à ce sujet, disait : « Les voix pénétraient mes oreilles, et votre vérité s'écoulait « dans mon cœur, et il en était tout embrasé. J'en ressentais plus de « piété, et mes larmes coulaient, et j'en éprouvais un grand bien. »

Benoît XIV ajoutait : « Saint Augustin pleurait donc d'un sentiment de piété tendre quand il entendait dans les églises les chants sacrés, dont il connaissait les paroles. Il pleurerait sans doute aujourd'hui en entendant les chants et la musique de certaines églises, non sous l'impression d'un sentiment de piété, mais de douleur, en entendant les chants sans pouvoir comprendre les paroles. »

Il résulte de tout ce qui vient d'être dit que, dans l'intention de l'Église, la musique doit être avant tout *vocale.*

En thèse générale, les instruments ne sont admis que pour soutenir les voix et faire ressortir davantage l'esprit des paroles. Les textes cités plus haut ne laissent pas le moindre doute à cet égard. Aussi la Chapelle pontificale et plusieurs autres églises ont-elles refusé pendant longtemps d'admettre l'usage même de l'orgue.

Le *Cérémonial des évêques* autorise l'orgue à se faire entendre seul, dans les moments où ni les officiants ni le chœur n'élèvent la voix ; il va même jusqu'à permettre de remplacer par l'orgue quelques-unes des parties du chant, pourvu toutefois que les paroles liturgiques soient récitées à voix modérée par les clercs [1]. (Réponse de la Sacrée Congrégation des Rites, 22 juillet 1818.)

Il importe de remarquer ici que le *Cérémonial des évêques*, en autorisant cette pratique, n'a pu avoir en vue que la manière dont elle s'exécutait, alors que les organistes, aussi bien que les compositeurs de musique vocale, ne sortaient point *du genre diatonique*, et prenaient pour thèmes de leurs interludes la mélodie du plain-chant, dont elles n'étaient que le développement [2].

La disposition du *Cérémonial* ne saurait donc en aucune façon justifier l'usage des organistes actuels, qui dans cette même circonstance ne tiennent compte ni de la tonalité ecclésiastique ni du contraste mélodique du chant dans l'exécution duquel ils interviennent.

Si l'orgue est ainsi approuvé dans l'Église, c'est qu'il contribue, par la gravité et la douceur de ses sons, à augmenter la piété des fidèles, à la condition toutefois d'être tenu correctement. C'est là l'enseignement de Benoît XIV : « A la vérité, dit-il, le son des orgues, même en dehors du chant, s'il est correctement traité, peut aider les fidèles à la prière par sa gravité et par sa douceur [3]. » (Encyclique.)

L'emploi de l'orchestre, à plus forte raison, ne saurait être considéré que comme une tolérance, surtout quand il se produit en dehors de l'accompagnement des voix.

En fait, cet usage n'a eu pour résultat que d'introduire dans le temple des lambeaux empruntés au théâtre. Il est donc à désirer que cette tolérance ne s'exerce que dans d'étroites limites et moyennant une surveillance rigoureuse sur l'origine et le caractère des morceaux exécutés.

Après cet exposé des principes généraux, ne faudrait-il pas conclure que la musique religieuse, pour être digne de ce nom, doit emprunter son caractère, son allure et son expression au chant grégorien ? C'est enfin le chant que l'Église a adopté comme la meilleure interprétation de ses sentiments à l'égard de Dieu.

Le plain-chant doit donc toujours être pris pour type de l'art musical religieux, et la musique admise à l'église doit absolument participer à la gravité, à l'austérité et au mouvement solennel du chant liturgique. Or, la musique ne saurait arriver à ce résultat, en conservant une tonalité qui permet toutes les modulations, toutes les altérations possibles, et ces nuances infinies qui ne sont propres qu'au genre passionné. Le chant grégorien n'admet pas ces altérations et ces nuances ; il garde sa

---

1. S. Cong. Rit. *Dubio proposito*, etc.

2. Les développements techniques donnés dans cette partie de notre travail ont une grande autorité en cette matière. Nous les devons à l'extrême obligeance de l'éminent ecclésiastique qui a consacré sa vie à la réforme de la musique sacrée, M. l'abbé Morelot, de Dijon, ancien membre du Congrès de musique religieuse qui tint ses assises à Paris en 1860.

3. « Re quidem vera sonus organorum, etiam sine cantu, *si recte ordinetur, potest suavi gravitate fideles juvare in oratione.* »

pureté, et, conservant toujours le genre diatonique, il se refuse à l'expression des passions humaines.

Serait-il donc trop téméraire de conclure que, si la musique veut exprimer avec vérité les sentiments de l'âme religieuse, elle doit se conformer à la manière de procéder du chant ecclésiastique ?

S'il est vrai que le Concile de Trente n'a voulu réformer que les abus, et non l'usage de la musique sacrée, il est positif qu'il maintient au plain-chant sa place d'honneur. Il a fait connaître ensuite sa volonté, en choisissant la troisième messe de Palestrina comme type de ses préférences.

Il est incontestable, en effet, que le plain-chant et la musique de Palestrina sont la plus haute expression du sentiment religieux. Or, ils ont pour base la même tonalité. Ces faits et ces principes de la réforme entreprise par le Concile de Trente sont à la fois clairs et précis. Ils fixent l'interprétation de l'autorité en cette matière, et doivent faire loi dans toute la chrétienté.

On croit généralement, quand on parle des traditions de l'Église et qu'on remonte aux anciennes constitutions, qu'elles ne regardaient que les besoins et les usages des temps passés. On croit encore que les abus, contre lesquels sévissaient les papes et les évêques, n'ont aucun rapport avec l'état de choses actuel. C'est une erreur qu'il est important de signaler et de détruire, parce qu'elle sert à justifier les plus fâcheux errements.

L'Église a toujours combattu les mêmes abus, et son action disciplinaire a été incessante ; aujourd'hui, comme autrefois, on méconnaît les ordres de l'autorité ecclésiastique, et on tend à substituer à l'exécution de notre plain-chant celle de morceaux empruntés aux compositions les plus passionnées de l'art moderne. Nous avons vu nos sanctuaires envahis aux fêtes solennelles par des orchestres nombreux, et convertis en véritables salles de concerts.

L'Église ne s'est donc pas bornée à lutter contre des désordres exceptionnels ; elle a voulu aussi assurer le caractère que doit revêtir la véritable musique religieuse à tous les âges.

En vérité, si l'on apportait autant de soin et d'étude à l'exécution des mélodies grégoriennes qu'on en met à celle de la musique, on obtiendrait de féconds résultats. D'abord la foule des fidèles, qui ignore généralement les beautés du plain-chant, éprouverait à la fois une véritable surprise et une réelle satisfaction. Ensuite on pourrait espérer une assistance régulière et plus suivie. N'aurait-on pas, en effet, lieu d'espérer enfin des assistants le retour aux *chants collectifs* toujours si désirables et si éminemment chrétiens, qui sont rendus impossibles à raison des changements perpétuels de ces morceaux de musique qui charment nos oreilles sans éveiller les accents de la prière ?

On croit généralement que l'affluence des foules invitées aux grandes cérémonies d'apparat et à ces exhibitions savantes de nos compositeurs modernes, sont un succès pour la foi catholique. C'est une appréciation exagérée, car ces auditeurs ne sont attirés que par le charme de la musique et ne reviennent jamais à nos offices de paroisse. Ils sont venus sceptiques et indifférents, ils s'éloignent sans esprit de retour. Hâtons-nous donc de revenir aux saines traditions du chant ecclésiastique. Que ces traditions, comme le veut le Concile de Trente, soient de véritables interprétations de la prière, et elles seront pour nos temps si troublés une source de salut et de bénédiction.

III

Les temps ont passé. A la période de labeur obscur et ingrat succède la marche lumineuse vers la réorganisation de l'art sacré.

Est-il besoin de rappeler ici le premier jet du *Motu proprio* de Pie X, sous la forme d'une *Lettre pastorale* adressée à son clergé et à ses fidèles, en 1894, lorsqu'il était Patriarche de Venise [1] ? Enfin, le *Motu proprio* lui-même, en 1903 [2], suivi du règlement promulgué, l'année suivante, à Turin, par le Cardinal Richelmy, et dont, en 1909, s'inspira à son tour le Cardinal Mercier, à Malines, dans ses *Monita* sur la musique sacrée, en 1909 [3].

Tous ces documents dépendent à la fois entre eux, et de ceux que nous avons précédemment reproduits. Ils jalonnent l'ascension continue du mouvement de restauration.

Mais, à Rome même, où, plus que partout ailleurs, si on excepte la Chapelle pontificale, on avait besoin de cette restauration, les effets du *Motu proprio* étaient plus lents à se manifester. Par un *Règlement sur la musique sacrée à Rome*, que S. E. le Cardinal-Vicaire, d'accord avec Sa Sainteté, a élaboré et publié le 2 février 1912, les cas divers qui se peuvent rencontrer dans la pratique de la musique d'église sont rigoureusement prévus. Nous n'hésitons pas à dire que ce *Règlement*, venu le dernier de tous, est un véritable *modèle* du genre, et le plus parfait de tous les documents similaires.

Comme son application *rigoureuse* coïncide avec l'adoption du Graduel et de l'Antiphonaire vaticans, la publication de ce *Règlement* offre un excellent guide à tous, pour la mise en vigueur de la réforme. Laissant de côté le Préambule [4], qui ne fait que répéter des principes connus, nous en reproduisons les « *Règles pratiques* » *auxquelles, par ordre du Saint-Père, doivent désormais se conformer ceux qui, à un titre quelconque, s'occupent des exécutions musicales dans les églises et chapelles de Rome.*

I. — Règles pour les Maîtres, Organistes et Chantres.

1. C'est la vraie et authentique tradition ecclésiastique du chant et de la musique sacrée que l'assemblée entière des fidèles s'associe, au

---

1. Lettre reproduite dans la *Tribune de Saint-Gervais*, I, VII, 4 ; IX, 2, et publiée à part par le Bureau d'Édition de la Schola Cantorum.

2. Reproduit par la même revue, X, p. 5 et s., et publié de même.

3. Voir analyse détaillée de ces instructions dans la *Tribune*, cf. XV, 56; XVI, 79.

4. Où nous relèverons seulement ce passage important sur l'éducation musicale dans les Séminaires et maisons religieuses : « Sous aucun prétexte, on ne devra permettre que, dans chaque Institut et pour tous les élèves indistinctement, on emploie moins de *deux heures entières par semaine* à l'étude sérieuse et profitable de la musique sacrée, en donnant la préférence au chant grégorien : on ne doit pas compter dans ce temps les répétitions nécessaires aux exécutions. » *Préambule*, dernier alinéa.

moyen du chant, aux offices liturgiques, en suivant les parties du texte qui sont confiées au chœur, — et qu'une *Schola cantorum* spéciale alterne avec le peuple, exécutant les autres parties du texte des mélodies plus riches et qui leur sont réservées plus spécialement.

Pour ce motif, le Saint-Père Pie X, dans son *Motu proprio* du 22 novembre 1903, au § 3, fait cette prescription : « Que l'on s'efforce de rétablir l'usage du chant grégorien parmi le peuple, afin que, de nouveau, les fidèles prennent, comme autrefois, une part plus active, dans la célébration des offices. » Et au § 27 : « Qu'on ait soin de rétablir, au moins dans les églises principales, les anciennes *Scholae cantorum*, comme cela s'est réalisé déjà, avec les meilleurs fruits, dans un bon nombre d'endroits. Il n'est pas difficile au clergé zélé d'établir ces *Scholae* jusque dans les moindres églises et dans celles de la campagne ; il y trouve même un moyen très aisé de grouper autour de lui les enfants et les adultes, pour leur propre profit et l'édification du peuple. »

2. Les Chapelles musicales, composées d'un groupe de chanteurs choisis, sous le direction d'un maître, destinées à remplacer le peuple et les *Scholae cantorum*, sont d'institution plus récente, mais cependant parfaitement légitime.

3. Comme non seulement l'exécution du chant grégorien, mais aussi celle de certaines compositions anciennes et modernes sont confiées aux Chapelles, — comme dans le choix de ces pièces et la façon de les interpréter il y a danger plus grand encore de manquer aux prescriptions ecclésiastiques, il est nécessaire de s'assurer que tous les membres de la Chapelle donnent pleine garantie de leurs capacités techniques et de leur volonté d'observer, en ce qui les concerne, toutes et chacune des susdites prescriptions ecclésiastiques et de travailler à l'application du *Motu proprio* pontifical.

C'est pourquoi personne, même offrant les conditions requises au n° 6 et pour cela approuvé, ne sera admis à faire partie d'une Chapelle à Rome, qu'il n'ait auparavant signé et remis à la S. Visite Apostolique une déclaration par laquelle il s'oblige à accepter et observer scrupuleusement toutes les règles de la liturgie et du cérémonial, — les décisions et prescriptions de l'autorité ecclésiastique sur la musique sacrée et le chant grégorien, et d'une façon spéciale le *Motu proprio* de S. S. le Pape Pie X, — le présent règlement et les avis éventuels de la Commission romaine de musique sacrée [1]. Il va sans dire que l'autorité ecclésiastique de plein droit, en cas de transgression, pourra retirer à quiconque l'autorisation accordée pour l'exercice de son art dans les églises.

4. Aucune Chapelle ou *Schola cantorum* ne pourra se constituer à Rome sans la permission préalable de la S. Visite Apostolique et sans avoir à sa tête un maître ou directeur approuvé et un organiste égale-

---

1. Cette Commission est formée de Mgr Lorenzo Perosi ; Mgr Ant. Rella ; Chanoine R. Casimiri ; R. P. de Santi ; MM. E. Boezi, Cametti, baron Kanzler, Mattoni, Parisotti.

ment approuvé. Le maître ou directeur de la Chapelle ou *Schola*, avant tout autre, est responsable devant l'autorité de toutes les infractions aux règlements ecclésiastiques qui seraient commises par sa Chapelle ou *Schola*.

5. On n'entend pas défendre l'établissement temporaire d'une Chapelle pour un service particulier plus solennel en telle ou telle église ; mais cela ne peut se faire qu'avec le conseil et sous la direction et responsabilité d'un des maîtres approuvés. La même règle regarde les services que les chanteurs de Rome seraient appelés à rendre dans le Latium ou les autres diocèses d'Italie.

6. Personne ne pourra exercer dans une église ou oratoire quelconque de la ville ou du diocèse de Rome, pour une cérémonie sacrée quelle qu'elle soit, la faculté du maître-directeur, d'organiste ou de chantre, sans en avoir reçu la faculté de l'Autorité ecclésiastique compétente, après avis de la Commission romaine pour la musique sacrée.

Afin d'obtenir une telle autorisation, les qualités et les conditions suivantes sont nécessaires :

a) La capacité artistique pour la musique sacrée, suivant les diverses fonctions, justifiée par des diplômes réguliers, et, dans des cas spéciaux, par des titres équivalents.

b) La moralité, l'honnêteté de vie et les sentiments religieux qui conviennent à celui qui doit exercer son art dans le temple et pour la liturgie sacrée, conformément au *Motu proprio* § 14 prescrivant de n'admettre « à faire partie de la Chapelle que des hommes d'une piété et d'une probité de vie reconnues, qui, par leur maintien modeste et pieux durant les fonctions liturgiques, se montrent dignes de l'office qu'ils remplissent ». Il est donc défendu aux maîtres-directeurs, aux organistes et aux chantres de faire partie des associations hostiles à l'Église catholique, et de remplir une fonction dans les églises ou chapelles hétérodoxes, par des exécutions musicales qui en quelque façon peuvent ou jeter le discrédit sur la religion et la morale ou même seulement sont incompatibles avec la charge de chantre d'église.

c) La complète soumission demandée au n° 3, dont la déclaration est remise.

7. La Commission romaine de musique sacrée appréciera les divers titres des candidats à l'office de maître-directeur, d'organiste ou de chantre et, quand elle le jugera opportun, pourra exiger de chacun un examen qui démontrera leurs capacités artistiques. Si les candidats ne sont pas encore suffisamment familiarisés avec le chant grégorien, ils ne pourront entrer en fonction, si ce n'est provisoirement, jusqu'à ce qu'ils obtiennent le certificat nécessaire d'aptitude.

8. La S. Visite Apostolique établira un registre pour y inscrire les noms des maîtres-directeurs, organistes et chanteurs reconnus idoines et habiles à exercer leur art dans les églises de Rome.

9. Les églises ou chapelles qui voudraient ouvrir des concours spéciaux pour les fonctions de maître-directeur, d'organiste ou chantre, devront agir de concert avec la S. Visite Apostolique et la Commission

romaine de musique sacrée, suivant les prescriptions du présent Règlement, auquel, par la volonté expresse de Sa Sainteté, seront soumises
aussi les basiliques patriarcales, églises, chapelles ou autres sociétés jouis-
sant même d'une exemption particulière.

10. Pourront être nommés chapelains-chantres de chœur seulement
ceux qui ont pleine connaissance du chant grégorien, constatée par notre
Commission.

11. Dans les Communautés religieuses et dans les Instituts, le chant et
la musique pour les fonctions sacrées pourront être réglés par les sujets
compétents de l'Institut, s'il y en a, mais toujours conformément aux
règlements donnés et d'accord avec la S. Visite Apostolique et la Commission romaine.

12. Les femmes ne peuvent chanter dans les fonctions liturgiques,
si ce n'est en tant qu'elles font partie du peuple ou le représentent ; il
leur est donc défendu de chanter des tribunes ou des places réservées
aux chantres, soit seules, soit surtout comme partie de la Chapelle.
Cependant, les religieuses vivant en communauté, et, avec elles, leurs
élèves, pourront dans leurs propres églises ou oratoires chanter durant
les fonctions sacrées conformément aux décrets de la S. Congrégation
des Évêques et Réguliers. Toutefois nous leur défendons absolument le
chant en *solo*, et nous désirons que dans les messes et au chant des
vêpres, on donne la préférence aux mélodies grégoriennes, exécutées,
si possible, par toute la Communauté.

II. — Règles pour les Supérieurs des Églises.

13. Les RR. Curés, les Supérieurs des églises et chapelles, comme
aussi les Préfets de la musique dans les chapitres doivent parfaitement
connaître les prescriptions ecclésiastiques relatives à la musique sacrée,
et les faire connaître aux maîtres-directeurs, aux organistes et aux
chantres, en imposant et en exigeant l'observation. Ils seront considérés
comme directement responsables, solidairement avec le maître-directeur,
des transgressions qu'à cet égard l'on aurait à déplorer dans leurs
églises.

14. Ils ne pourront confier l'exécution de la musique qu'aux maîtres
approuvés par l'Autorité ecclésiastique compétente et inscrits sur le
registre de la S. Visite Apostolique ; ils ne devront permettre ou tolérer
l'exécution de compositions non approuvées.

15. Ils veilleront à ce que les compositions choisies soient convenablement interprétées par un nombre suffisant de chantres, capables
d'une exécution digne de la liturgie et de l'art, et c'est pourquoi les
chantres devront se réunir périodiquement pour les répétitions jugées
nécessaires. Mais pour cela, il est nécessaire que les maîtres et exécutants
soient équitablement rétribués. Par conséquent, dans le budget annuel
de chaque église, on devra fixer la somme destinée à cette fin, et, pour ce

motif aussi, on devra diminuer les dépenses des pompes ou solennités fastueuses.

16. Dans les instructions paroissiales ou autres occasions propices, par eux-mêmes ou par le secours d'orateurs sacrés, ils devront expliquer au peuple les intentions élevées du Saint-Père, en insistant sur la réforme de la musique sacrée, invitant les fidèles à les seconder, spécialement en prenant une part active aux fonctions saintes, par le chant des parties communes de la messe solennelle (*Kyrie, Gloria,* etc.), par le chant de la psalmodie, des hymnes plus connues et des cantiques en langue vulgaire.

17. Dans ce but, que les RR. Curés, Recteurs et Supérieurs, spécialement des églises principales, mettent tout leur zèle, en se servant de l'aide d'une personne compétente et capable, à fonder leur *Schola cantorum* particulière. Que les Congrégations, les Confraternités, et les sociétés catholiques de Rome, les écoles populaires, et les patronages, etc..., s'emploient à promouvoir efficacement l'instruction de leurs membres dans le chant sacré populaire; enfin, que la direction diocésaine et chacune des directions paroissiales agissent dans le même sens, faisant en sorte que cette noble entreprise soit accueillie par les diverses associations et établie dans leurs statuts. En même temps, que les Congrégations et les Instituts d'éducation de femmes l'acceptent comme leur œuvre propre, afin que les filles et les garçons, prenant part aux fonctions sacrées, chantent eux aussi la partie qui regarde le peuple, servant d'exemple et d'encouragement au reste des fidèles.

18. Pour éviter les excès et abus de quelque genre que ce soit dans les mélodies et dans les chants populaires, tous devront agir, et toujours, conformément aux directions et sous la surveillance de notre Commission romaine de musique sacrée, aidée par l'appui de l'Association italienne de Sainte-Cécile.

Dispositions particulières.

19. Toute *Schola cantorum* ou *Maîtrise* aura sa bibliothèque musicale particulière pour les exécutions ordinaires de l'église, et possédera avant tout un nombre suffisant de livres grégoriens de l'édition vaticane. Pour plus grande uniformité dans l'exécution du chant grégorien dans les diverses églises de Rome, on pourra les adopter avec l'adjonction des signes rythmiques solesmiens [1].

Les compositions musicales destinées aux fonctions d'église, si elles n'appartiennent pas à l'antique polyphonie classique, devront avoir l'approbation de notre Commission romaine de musique sacrée; en général, on peut considérer comme approuvées ces messes publiées et approuvées déjà par l'Association Sainte-Cécile d'Italie et d'Allemagne.

L'approbation sera refusée à toutes les compositions de style défendu,

1. Cf. *Tribune de Saint-Gervais*, XVIII, 115, touchant la juste réserve mentionnée par la fin de ce paragraphe.

quand bien même elles seraient présentées avec des coupures et des modifications. Le *Motu proprio* déclare, en effet, que la « structure intime, le rythme, et ce qu'on appelle le *conventionalisme* de ce style ne se plient que malaisément aux exigences de la vraie musique sacrée ».

20. Rappelons qu'il n'est pas permis d'omettre le chant de quelqu'une des parties prescrites, propres ou communes, de la messe, de l'office ou d'autres fonctions. Quand le rite l'exige, on devra donc répéter intégralement toutes les antiennes des psaumes et des cantiques. Quand parfois il est permis qu'une partie du texte liturgique soit suppléée par l'orgue, ce texte devra être récité à voix bien intelligible, au chœur, ou par les chantres eux-mêmes *recto tono*. En outre, on doit faire disparaître l'usage de ce qu'on appelle les contrepoints exécutés par cœur, dans le chant et dans la répétition des antiennes, dans les répons et traits, etc. Quand ces parties ne s'exécutent pas en grégorien, elles devront être chantées d'une façon qui leur soit propre et qui demeure convenable.

21. Le *solo* ne doit pas entièrement dominer dans une composition musicale sacrée, mais avoir seulement le caractère de simple passage ou trait mélodique strictement lié au reste de la composition.

22. Au sujet des vêpres, nous rappelons que, conformément aux prescriptions du *Cérémonial des Évêques*, cet office doit être exécuté en grégorien, suivant la vraie et pure tradition de l'Église, par le chant psalmodique et antiphonique. Le caractère propre de cette prière liturgique n'est pas cependant dénaturé quand les psaumes, les hymnes et les cantiques se chantent en grégorien alterné, comme le dit le *Motu proprio*, avec ce qu'on appelle les faux-bourdons ou avec des versets du même genre composés convenablement. Nous recommandons donc vivement qu'on généralise l'usage de chanter ainsi les vêpres, en faisant prendre une part active au clergé et au peuple, en plus de la Chapelle ou de la *Schola*. Bien que, par concession, on puisse exécuter les psaumes entièrement composés en musique, pourvu que cette composition conserve le caractère de la psalmodie, nous avertissons qu'on devra user de cette concession avec une grande réserve et seulement quelquefois et non pour tous les psaumes des vêpres (la même règle s'applique aux complies solennelles), afin de ne pas transformer la fonction liturgique en un divertissement musical, auquel le clergé et le peuple se contentent d'assister sans y prendre une part active. Par conséquent les Révérendissimes chanoines et les religieux astreints au chœur devront mettre tout leur soin et leur diligence pour bien psalmodier et bien exécuter les mélodies liturgiques, soit qu'ils chantent seuls, soit qu'ils alternent avec les chantres, nonobstant toute coutume contraire, gardant pour certain le principe général du *Motu proprio* qu'un office religieux ne perd rien de sa solennité quand il n'est accompagné d'aucune autre musique que du chant grégorien.

23. Les organistes, dans l'accompagnement, devront avoir très grand soin de ne pas écraser les voix par une registration habituellement trop forte, spécialement par l'abus des anches ; cette discrétion s'observera surtout dans l'accompagnement du chant grégorien. Ils devront faire

usage, même dans les intermèdes, de morceaux écrits et approuvés.

24. Sans une autorisation spéciale, qu'on demandera chaque fois à la S. Visite Apostolique, il n'est pas permis de jouer d'autre instrument à l'église en dehors de l'orgue et de l'harmonium, et nous prévenons qu'il n'est pas dans notre intention d'accorder une telle permission, si ce n'est en quelque cas particulier et tout à fait exceptionnel. Cette autorisation sera donc demandée, à chaque fois, pour permettre aux sociétés musicales de jouer dans les processions en dehors de l'église, à condition, toutefois, que, dans ces circonstances, le concert musical se borne à exécuter des morceaux religieux expressément composés à cette fin, ou mieux encore pour accompagner quelque cantique exécuté en latin ou en langue vulgaire par les chanteurs ou les fidèles.

25. On montrera un soin spécial pour le choix de la musique dans les fonctions cardinalices ou épiscopales suivant l'importance de la solennité prescrite (Décret de la S. C. de la Cérémoniale, 30 mars 1911). Ce même décret rappelle la règle qui exige que les messes célébrées par un Révérendissime Cardinal soient accompagnées du chant grégorien ou de la musique à voix seules. Pendant ces Messes pontificales, on n'entend pas exclure le jeu de l'orgue, pour l'accompagnement du grégorien ou dans les intermèdes, conformément à la rubrique.

26. Dans les féries et dans les dimanches de l'Avent et du Carême, sauf les dimanches *Gaudete* et *Lætare*, le jeu d'un instrument quelconque est défendu, même comme simple accompagnement des voix. Toutefois on pourra tolérer l'accompagnement discret de l'orgue ou de l'harmonium uniquement pour soutenir les voix, seulement quand on exécute le chant grégorien et dans le cas de vraie nécessité reconnu par nous. Le jeu d'un instrument quelconque, même comme simple accompagnement des voix, reste absolument défendu dans les offices liturgiques des trois derniers jours de la Semaine Sainte.

27. Dans les messes chantées de *Requiem*, on pourra tolérer l'usage de l'orgue ou de l'harmonium, mais seulement pour accompagner les voix. Aux messes privées de *Requiem*, le jeu d'un instrument quelconque n'est pas permis.

28. Pendant les messes basses célébrées avec solennité, on pourra chanter des motets ou jouer de l'orgue, conformément à la rubrique. Toutefois on s'arrangera de façon que les chants et les morceaux d'orgue se fassent entendre en dehors du temps où le prêtre récite les oraisons à haute voix, c'est-à-dire : pendant le temps de la préparation et de l'action de grâces, de l'*Offertoire* à la *Préface*, du *Sanctus* au *Pater*, de l'*Agnus Dei* à la *Postcommunion*, en faisant cesser opportunément le chant et le jeu de l'orgue pendant la récitation du *Confiteor* et de l'*Ecce Agnus Dei*, si on donne la Communion.

29. Pendant les messes privées et dans les offices qui ne sont pas strictement liturgiques (ex. : triduum, neuvaine, etc.), à l'exposition du Très-Saint-Sacrement, sont permis les chants même en langue vulgaire, pourvu que le texte littéraire et musical ait été approuvé par l'Autorité ecclésiastique compétente. En exposant le Très-Saint-Sacrement on ne

devra chanter que des invocations ou motets eucharistiques; le chant du *Tantum ergo* et du *Genitori*, avant la bénédiction du Très-Saint-Sacrement, devra être suivi immédiatement de l'*Oremus* et de la bénédiction; il n'est pas permis, pendant la suite de ces dernières cérémonies, de chanter autre chose en latin ou en langue vulgaire.

30. Nous faisons remarquer que c'est une erreur d'admettre, comme quelques-uns l'ont imaginé, des offices non strictement liturgiques ou extra-liturgiques pendant lesquels on puisse exécuter des compositions musicales de style libre et déjà condamnées ou inadmissibles pour les offices liturgiques. Il convient, au contraire, d'exiger le style digne et sérieux pour toute musique qu'on exécute dans le lieu saint dans une fonction sacrée quelconque; — pour celle de la liturgie solennelle, d'autres règles particulières sont prescrites.

31. Dans les six mois qui suivront la publication du présent règlement, toutes les *cantorie* [1] devront être pourvues de jalousies ou de grilles, qui puissent cacher aux fidèles la vue des chanteurs; en même temps on supprimera les rehaussements intérieurs qui rendraient inutiles l'apposition des grilles.

32. Les plans de restauration et d'acquisition de nouvelles orgues, tant pour le côté technique que pour le point de vue artistique, comme aussi pour la place ou la construction des *cantorie*, devront être soumis à la Commission romaine de la musique sacrée; il est, en effet, inutile de remarquer qu'un bon instrument est un facteur principal pour obtenir de bonnes exécutions de musique sacrée.

De Notre Résidence, le 2 février 1912.

PIERRE,
Cardinal-Vicaire.

1. Emplacement ou tribune, réservé à la chapelle musicale

LES VŒUX DU CONGRÈS PARISIEN

De Chant Liturgique et de Musique sacrée de 1911

(Extrait du volume des Comptes rendus du Congrès).

Séance du mercredi 14 juin 1911, à 9 heures du soir.

A cette dernière séance un grand nombre de membres du comité
d'honneur et presque tous les congressistes sont présents : aussi cette
réunion fort nombreuse, et qui se prolongea fort avant dans la nuit,
fut-elle particulièrement animée par les échanges de vues, propositions,
discussions qui l'ont remplie. Plusieurs grégorianistes avaient envoyé
des vœux ou réflexions qui souvent se rencontraient avec les idées
exposées par quelqu'un des congressistes ; lecture fut donnée de leurs
lettres par MM. GASTOUÉ et E. BORREL.

M. l'abbé BRUN communique aux congressistes en ces termes la lettre
de Mgr l'Évêque de Clermont :

MESDAMES, MESSIEURS,

Mgr Belmont, évêque de Clermont, qui fut un des premiers Évêques de France à
faire appliquer dans son diocèse le *Motu proprio* de Sa Sainteté Pie X sur la
musique sacrée, me fait l'honneur de m'adresser, à propos du Congrès parisien,
une lettre dont je suis heureux de citer quelques passages, persuadé que les grégo-
rianisants recevront avec joie cet encouragement venant d'un des membres de
l'Épiscopat français les plus favorables à l'art musical chrétien.

« Il servirait de peu à l'Église, écrit Sa Grandeur, que les secrets de son chant aux
meilleures époques fussent retrouvés, s'ils devaient rester l'apanage exclusif d'une
élite ; il faut, avant tout, que ce chant redevienne la prière publique de l'Église, et
que, à cet effet, les prêtres, dès le séminaire et l'école, y soient initiés et en com-
prennent bien la beauté et la méthode. C'est surtout de ce côté que je voudrais voir
le Congrès diriger ses efforts et ses résolutions.

« Je voudrais aussi voir de plus en plus affirmer le principe de l'unification dans la *prononciation du latin*, dans le sens le plus conforme à la tradition romaine, relativement aux voyelles suivies des lettres *m*, *n*, de manière à supprimer les sons nasaux, à la lettre *u* prononcée *ou*, etc... ; enfin et surtout, par la restitution, aux syllabes, de la *valeur* que leur assignent leur quantité et leur place dans les mots. Je voudrais que désormais toutes les *éditions classiques* indiquassent, de même que les livres liturgiques, la *syllabe accentuée*, et que, à la faveur de ces moyens, la prononciation du latin fût uniformisée dans l'Église, *dès le commencement des études de ses clercs.* »

« C'est surtout sur ces quelques points que nos efforts doivent porter si nous voulons régénérer, en l'unifiant, le chant sacré. Que Dieu nous aide à le faire prévaloir ! »

† PIERRE MARIE,
Évêque de Clermont.

La lettre de Mgr BELMONT est écoutée avec un vif intérêt ; tous les congressistes s'accordent sur cette question de la bonne prononciation latine.

M. COUILLAULT émet alors le vœu suivant, admis à l'unanimité :

Le Congrès,
Considérant :
Que la prononciation française du latin avec son accentuation et ses sons déplorables est incompatible avec la restauration intégrale des Mélodies grégoriennes, prescrite par le Souverain Pontife ;
Que l'adoption de la prononciation romaine est une conséquence logique de l'unité de rite et de l'unité de chant,
Émet le vœu :
Que la prononciation romaine du latin soit introduite officiellement par NN. SS. les Évêques dans tous les diocèses de France, particulièrement dans les petits et grands séminaires.

M. l'abbé LAURENT, maître de chapelle de la Cathédrale d'Orléans, demande que tous les rapports et travaux présentés au Congrès soient publiés dans le compte rendu, et fait voter des remerciements aux maîtres de chapelle de Saint-Eustache, de Saint-François-Xavier, de Sainte-Clotilde et de Notre-Dame, qui ont organisé les exécutions musicales du Congrès. (*Adopté.*)

M. BORREL lit deux notes envoyées par M. Michel BRENET :

D'abord une motion en faveur d'une publication des monuments de la musique religieuse en France au xvi⁰ siècle. Quelques congressistes demandent même qu'on ajoute quelques œuvres du xvii⁰ siècle ; voici cette note, adoptée à l'unanimité :

Pour nos vieux maîtres français.

MESDAMES, MESSIEURS,

Ce n'est pas un mémoire que nous soumettons à votre bienveillante attention, c'est un vœu, en faveur duquel nous sollicitons vos suffrages, avec le grand désir, avec le ferme espoir, que grâce à votre approbation il ne restera pas *platonique.*

Ce vœu, qui concerne les œuvres de musique sacrée catholique de nos vieux maîtres français, regarde tout ensemble l'art religieux et l'art national. Il a donc double raison de vous intéresser, et sa réalisation serait un complément équitable et nécessaire de ce beau mouvement de rénovation grégorienne et palestrinienne qui s'est partout affirmé depuis une trentaine d'années, et qui s'affirme aujourd'hui une fois de plus, avec une force et un éclat irrésistibles, par le fait même de la réunion de ce Congrès.

Nous n'avons pas à rappeler le rôle glorieux qu'ont rempli, dans ce mouvement de foi et de science, les Bénédictins français : la reconnaissance du monde catholique et du monde savant est acquise à leurs admirables travaux, qui ont rendu possible la réforme du chant liturgique et la rédaction de l'édition Vaticane.

Dans le domaine de la musique polyphonique vocale, dont la volonté du Souverain Pontife associe l'usage à celui du chant grégorien, de grands efforts ont été de toutes parts accomplis, pour la reconstitution d'un répertoire : mais, par une abstention singulière, dont la faute, sans doute, nous est imputable, les œuvres de nos anciens maîtres français n'ont tenu, et ne tiennent jusqu'ici, presque aucune place dans ce répertoire, non plus même que dans les études destinées à le compléter.

En effet, tandis que se sont multipliées soit sous la forme littérale et érudite, soit sous la forme transposée et pratique, les éditions complètes et en recueils, de messes et de motets des maîtres flamands, allemands, anglais, espagnols, voire polonais et surtout de ceux de l'école romaine ou de l'école vénitienne, rien ou presque rien n'est venu rappeler la place considérable qu'avaient tenue les compositeurs français dans la floraison merveilleuse de l'art catholique du xvᵉ siècle et du xviᵉ.

Certes, nous n'oublions pas qu'en face des éditions complètes de Palestrina, de Lassus, de Vittoria, de Schütz, en face des *Denkmäler* allemands ou autrichiens, et de la collection espagnole de Pedrell, la France, par l'initiative et le courageux labeur d'un seul savant, peut s'enorgueillir de posséder les volumes des *Maîtres musiciens de la Renaissance française*, de M. Henry Expert. Mais cette collection, que nul plus que nous n'estime et n'admire, est, sauf *deux* livraisons sur vingt, tout entière consacrée au répertoire profane de la chanson et à celui du psautier huguenot. Un seul, ou deux côtés de notre production nationale, dans l'une de ses périodes les plus fécondes, s'y trouvent donc représentés ; et sans doute, le côté *chanson* est de ceux où, de tous temps, a excellé l'esprit français.

Nos vieux contrepointistes y étaient incomparables. Mais pas plus alors qu'aujourd'hui ne manquaient, sur la terre de France, la foi et le langage qui l'exprime.

Dans ces splendides ou charmantes églises, qui sont l'orgueil artistique de nos cités et que des voix éloquentes défendent aujourd'hui au nom de toutes nos traditions religieuses et nationales, retentissait jadis une musique appropriée. Du milieu des documents qui s'offrent à le prouver, permettez-nous de détacher et de vous lire quelques lignes, empruntées au récit du voyage que fit, en 1517-1518, le cardinal Louis d'Aragon, et que rédigea l'un de ses secrétaires, italien comme lui :

« Il n'y a pas en France, dit ce voyageur, une église un peu grande, où, toute l'année, l'on ne puisse entendre de belle musique figurée, et où ne se chante au moins une messe par jour. Chacune de ces églises possède un groupe de six ou de huit jeunes garçons, tout vêtus de rouge comme nos chanoines italiens, et que l'on instruit à chanter et à servir au chœur... »

L'époque dont il s'agit est celle que les historiens de la musique caractérisent par le nom de Josquin Deprés, et qui précède d'un demi-siècle l'apparition de Palestrina. Or, non seulement pendant cette période qui correspond au règne de François Iᵉʳ, mais pendant le xviᵉ siècle tout entier, les églises et les chapelles de France eurent constamment pour chanteurs, pour organistes, pour compositeurs, des musiciens nationaux, dont les œuvres, loin de rester confinées dans leur pays d'origine, se répandaient au loin, en imprimés ou en copies. On les retrouve aujourd'hui, disséminées, dépareillées, dans les archives, dans les bibliothèques où se conservent les épaves de l'ancien art religieux : et sans doute les trésors qui sommeillent dans ces archives ou ces bibliothèques de France, d'Allemagne, d'Italie, voire d'Espagne ou de Suède, ont été déjà suffisamment inventoriés pour que l'on sache le nom, le nombre des œuvres de maîtres français échappées à la destruction.

Ce n'est pas faute d'éléments, mais faute seulement de travaux préparatoires, faute d'*éditions en partition*, que nos vieux musiciens catholiques français restent exclus du répertoire des maîtrises, et ignorés des historiens de la musique. Ouvrons, par exemple, la petite Histoire de la musique religieuse du D'' Weinmann, publiée à Ratisbonne, en plusieurs langues, destinée à l'enseignement populaire des *Caecilien-vereine* allemands : nous y lisons tout un chapitre sur les musiciens de l'école anglaise. mais pas une page qui soit spéciale aux compositeurs français ; quelques-uns d'entre eux sont nommés, en passant, parmi les néerlandais. Le livre, beaucoup plus important, de M. Hugo Leichtentritt sur l'histoire du motet, qui a paru en 1908, consacre à peine à nos maîtres du xvi⁰ et du xvii⁰ siècle un peu plus de dix pages, sur quatre cent trente et une. Mais il apparaît clairement que l'auteur eût souhaité pouvoir mieux faire, car il se plaint de la rareté des documents biographiques, qui rend difficile la séparation, par nationalités, des français et des néerlandais, et de la rareté surtout des éditions modernes en partition, qui empêche d'aborder aisément l'étude de leurs œuvres. *Plus tard*, dit-il, *il se pourra fort bien que l'on soit amené à accorder beaucoup plus de place aux compositeurs français*, dans l'histoire du motet, — et, par conséquent, de toute la musique religieuse catholique.

C'est à nous de faire, Messieurs, que ce *plus tard* soit *demain*. C'est à nous que revient la tâche, disons : le devoir, de rappeler à la vie les œuvres de nos vieux maîtres, et de montrer ce qu'ils ont fait pour le service de l'Église et pour l'honneur de l'art national.

Et, puisque nous sommes réunis pour aviser en commun aux moyens de favoriser l'étude, le perfectionnement, la diffusion du chant et de la *vraie* musique sacrée, permettez-nous de vous demander de vouloir bien sanctionner le *vœu* que nous osons formuler, d'une publication des *Monuments de la musique religieuse en France au XVIe siècle*.

Pour l'enseignement du chant dans les écoles.

Nous sommes l'interprète d'un grand nombre de musiciens catholiques, et nous sommes, en tous cas, l'écho de ceux qu'avait réunis, voici peu d'années, le Congrès des Sables d'Olonne, en présentant à vos suffrages un vœu au sujet de *l'enseignement du chant dans les écoles*.

Nul ne contestera l'importance d'une telle question. Nous pourrions faire un étalage facile d'érudition historique, en vous rappelant le soin que le clergé prenait de l'enseignement musical dans les petites écoles, pendant le moyen âge ; en vous faisant souvenir, aussi, qu'à aucune époque les ennemis de l'Église n'ont eu garde de s'en désintéresser : Calvin et Luther, reconnaissant dans la musique un *pouvoir incroyable* d'action sur les âmes, et les « défenseurs » de l'école laïque, multipliant les efforts pour faire progresser leurs élèves dans l'art qui « commence où finit la parole », qui la vivifie, la transfigure, et la grave à jamais dans la mémoire et dans le cœur.

Ces choses, vous les savez tous, et c'est pourquoi, avec nous, vous regardez sans aucun doute le chant comme un *accessoire essentiel* (ces deux mots doivent ici s'accorder) de l'enseignement primaire.

Sans aucun doute aussi, vous souhaitez que la *nécessité morale* de cet enseignement en fasse au plus tôt étendre et régler la diffusion dans l'école libre.

ÉTENDRE, par la création de classe de chant, partout où il n'en existe pas encore ; et par l'adjonction obligatoire du *chant grégorien* au chant proprement dit, et au solfège.

RÉGLER, par l'établissement de *cours normaux* ou de conférences, et d'examens, destinés à former un personnel enseignant véritablement capable ; et par l'institution d'un service spécial d'*inspection diocésaine*, chargé de soutenir et de stimuler les bonnes volontés, de surveiller la qualité des leçons et celle du répertoire, et de rehausser, en un mot, chez les maîtres et chez les élèves, l'idée qu'ils se font de la musique, et la façon dont ils la cultivent.

Michel Brenet.

La lecture de cette note soulève des observations de divers congressistes ; tout le monde est d'accord sur son opportunité, d'ailleurs : M. Gousseau nous apprend qu'à partir de cette année, la partie musicale est obligatoire dans le programme des études des écoles libres du diocèse de Paris. M. l'abbé Mignon insiste pour qu'à côté de la musique on fasse une place au chant liturgique. M. Pierre Martin souhaite qu'on soigne autant que possible la voix enfantine pour ne pas la briser. M. Gastoué propose de communiquer ces vœux à des personnalités compétentes de l'enseignement diocésain primaire et secondaire. M. Letocart demande qu'on augmente le temps prévu au programme pour l'étude de la musique dans les écoles.

M. Gousseau propose ensuite que l'on fasse des vœux et conclusions du Congrès, un tirage à part qui puisse être facilement et largement répandu, pour le plus grand bien de la cause. Toutes ces motions sont adoptées à l'unanimité.

M. le maître de chapelle de Saint-Nicolas-du-Chardonnet ajoute alors deux autres vœux :

1° *A propos du système de notation de certains chants latins populaires.*

Que si les éditeurs reproduisent, en appendice, séparé ou non, de leurs livres d'offices, certains chants populaires tels l'*Adeste*, l'*O filii*, et aussi quelques proses, toutes choses qui seront demandées par beaucoup, ce soit, rigoureusement, en notation *musicale* (fût-elle même non mesurée), afin de différencier ces chants, dès à première vue, du chant grégorien.

M. Dardaillon, organiste de la cathédrale de Meaux, empêché d'assister au Congrès, a envoyé une lettre où la même pensée est exprimée.

M. Gastoué dit que divers éditeurs, tels que MM. Poussielgue, Lethielleux, la Société d'éditions du chant grégorien, ont déjà, pour leurs publications, suivi le même principe. Les congressistes souhaitent qu'il soit appliqué par les autres éditeurs. Le vœu de M. Gousseau est adopté à l'unanimité.

2° *Contre l'abus du sport.*

L'usage du sport dans les œuvres paroissiales scolaires et postscolaires ayant manifestement, en maintes paroisses, éloigné les enfants de la maîtrise et les jeunes gens de l'assistance à certaines cérémonies religieuses populaires, comme, par exemple, les processions dominicales, les membres du Congrès, ne se plaçant qu'au point de vue musical, en dehors d'autres considérations religieuses qu'il serait facile d'invoquer, rappellent : d'une part, l'heureuse nécessité des voix d'enfants dans les maîtrises, d'autre part l'utilité et la beauté du chant populaire, et émettent le vœu, auprès de Nosseigneurs les Évêques, que, dans toute œuvre paroissiale, le sport soit officiellement réglementé en tenant compte des légitimes exigences des belles et fréquentes cérémonies du culte paroissial.

Tout le monde applaudit à la motion présentée par M. GOUSSEAU, qu'après un échange de vues fort intéressant, M. l'abbé TISSIER complète par le vœu suivant :

Le Congrès, considérant :

1º Que la musique en général et la musique sacrée en particulier jouissent d'un pouvoir éducateur indiscutable ;

2º Que la restauration de la religion catholique en France repose tout entière sur l'organisation paroissiale,

Émet le double vœu :

1º Que les patronages et catéchismes paroissiaux entrent résolument dans le mouvement de rénovation liturgique en introduisant dans leurs règlements l'enseignement du chant liturgique ;

2º Que les patronages participent à la liturgie paroissiale en faisant des offices paroissiaux leurs offices de règle.

Adopté à l'unanimité.

Plusieurs orateurs se rencontrent pour souhaiter une organisation sérieuse du chant dans tous les séminaires, grands et petits.

Un directeur de chant d'un grand séminaire de l'Ouest, empêché de venir au Congrès, présente ainsi ses impressions et le résultat de son expérience personnelle sur cette question :

A Monsieur Gastoué, Directeur du Congrès,

. . . .

Permettez-moi d'émettre un vœu que j'estime d'une importance capitale. C'est que les membres du Congrès usent de toute leur influence pour empêcher qu'on ne nomme de simples séminaristes aux fonctions de maître de chapelle dans les grands séminaires. Or, je suis assuré que cela se fait en plusieurs diocèses. Comment voulez-vous qu'on ne blâme pas de pareils abus ? Je pourrais même vous citer des exemples révoltants ; tels de ces maîtres (?) de chapelle faisant exécuter par de seules voix d'hommes des morceaux à voix inégales et choisissant pour leur programme des morceaux de beuglant ! Voilà la formation que les séminaristes ont dans certains diocèses. Étonnez-vous, après cela, qu'on en entende de toute sorte dans les offices de paroisse.

Et la réflexion que je vous livre a d'autant plus de poids que je parle ici d'expérience personnelle, ayant été moi-même appelé à occuper le poste de maître de chapelle alors que j'étais simple séminariste, sans aucune formation musicale, n'ayant, pour justifier (?) ce choix, que la volonté de m'instruire et aussi le dégoût des fadaises musicales qui composaient alors le programme du séminaire.

Il vous souvient dans quelle nullité je me trouvais au point de vue musical, lorsque je suis allé prendre auprès de vous des leçons qui m'ont tant profité et dont je vous garde grande reconnaissance. J'en avais du moins conscience, et, voulant être au courant de la tâche qui m'avait été imposée, je me mis avec acharnement au travail, et c'est grâce à cela que j'ai pu arriver à quelque chose, mais non sans y avoir laissé une partie de ma santé. Je ne le regrette pas, puisque c'est pour la cause de la musique religieuse.

M. le Chanoine CHAMINADE, de Périgueux, dont on connait la compétence en cette matière, envoie une lettre sur ce sujet ; lecture en est donnée par M. BORREL :

La réforme du chant dans les séminaires.

On n'obtiendra de résultat vraiment pratique qu'en introduisant la réforme du chant dans les séminaires.

Le *Motu proprio* de 1903 « ordonne aux Évêques : 1º de faire cultiver avec soin et amour le chant grégorien dans les séminaires et établissements ecclésiastiques ; 2º de favoriser, parmi les clercs, la fondation d'une *Schola*, en vue de l'exécution de la polyphonie sacrée et de la bonne musique liturgique ; 3º de faire apprendre aux clercs les principes et les règles de la musique sacrée, afin qu'ils ne quittent pas le séminaire dépourvus de toutes ces notions nécessaires aussi à la pleine culture ecclésiastique ».

Il est évident pour tout homme de bon sens que la réforme doit venir surtout du jeune clergé. Nous dirons même qu'elle doit naître, grandir et s'épanouir dans les séminaires. Le prêtre ne peut donner à ses paroissiens une éducation musicale qu'il n'a pas reçue lui-même.

L'enseignement musical de nos établissements religieux a besoin d'être refondu.

Tout jeune prêtre, sortant du séminaire, devrait être apte à accompagner convenablement le chant grégorien, les cantiques et la musique de moyenne difficulté. Nous croyons qu'on peut obtenir ce résultat sans nuire aux études plus sérieuses auxquelles les prêtres sont tenus par état de se consacrer. En d'autres pays, — dans l'archidiocèse de Malines, par exemple, — l'expérience a démontré que cette opinion n'a rien de chimérique.

Très loin de nous la hardiesse de vouloir trancher cette question éminemment délicate : à l'Autorité légitime seule, incombent le droit et le devoir de prendre les mesures qu'elle jugera nécessaire.

Mais il nous sera bien permis de résumer ici les vœux émis dans les divers Congrès de chant grégorien tenus à Rodez, Bordeaux, Reims, Arras, Strasbourg et aux Sables-d'Olonne :

1. Rétablir le chant sacré au rang des études classiques et théologiques.

2. Établir des compositions en plain-chant et en musique sacrée sur le même pied que les compositions en thèmes, versions, mathématiques, etc. Ce sont des matières ecclésiastiques non moins utiles que les autres. Ces compositions compteraient pour l'excellence à l'égal des autres. De plus, pour exciter l'émulation, on publierait dans la *Semaine liturgique* les noms de ceux qui auraient obtenu les premières places.

3. Obéissant à la voix de maints Conciles provinciaux, rétablir les examens bisannuels et ajouter les notes à celles des autres matières ecclésiastiques : ce ne serait que justice.

4. Avoir un programme précis et gradué, selon les cours, sous la direction d'un maître compétent. Il serait indispensable que les leçons fussent aussi nombreuses et aussi longues que celles des cours dits secondaires.

5. Fonder, dans les deux séminaires, une *Schola* qui exécuterait artistement les parties propres des offices, les morceaux polyphoniques, etc., et servirait ainsi de modèle à toute la communauté : choisir de préférence des morceaux peu compliqués, mais irréprochables.

6. Dans les classes et les exercices publics, exiger très sévèrement la bonne accentuation et la vraie prononciation romaine.

7. Recevoir et faire lire au réfectoire deux bonnes revues, l'une pour le plain-chant et l'autre pour la musique sacrée, par exemple la *Revue du chant grégorien* de Grenoble et la *Tribune de Saint-Gervais*.

8. Confier aux mains des élèves, pendant les temps libres, le plus grand nombre possible d'instruments à clavier, sous la direction et le contrôle d'un maître éclairé, qui éliminerait impitoyablement les méthodes défectueuses, les morceaux de mauvais goût, etc.

9. Fonder une société cécilienne qui étendrait peu à peu ses ramifications dans tous les diocèses.

10. Durant les retraites ecclésiastiques, établir une *Schola* qui exécuterait des morceaux choisis de plain-chant et de musique liturgique, et servirait ainsi d'exemple aux prêtres de la retraite.

11. De temps en temps, envoyer à la *Schola* parisienne quelques élèves bien doués, pour y apprendre l'art du chant grégorien et de la musique sacrée.

EUGÈNE CHAMINADE,
Chanoine honoraire,
Ancien maître de chapelle de Saint Front.

M. PIRIO rapporte, à ce propos, que les séminaristes de Vannes n'ont pas moins de 50 instruments à clavier à leur disposition !

M. VANDEWALLE, Directeur au grand séminaire de Cambrai, intéresse vivement l'auditoire, en montrant comment la plupart de ces desiderata sont devenus à Cambrai des réalités. Les vrais Congrès, là-bas, sont les retraites ecclésiastiques, les auditions de musique liturgique y sont de tout premier ordre. M. VANDEWALLE répète la sympathie particulière de S. G. Mgr DELAMAIRE, coadjuteur de Cambrai, pour le Congrès et ses travaux.

M. l'abbé GREMILLET préconise une réglementation plus sévère de la musique instrumentale, spécialement des *fanfares*, soit dans les collèges et patronages, soit surtout (qui le supposerait ?) dans certains petits séminaires ! Que l'amour du clinquant et du bruit n'élimine pas, avec le chant religieux, l'esprit de prière.

M. l'abbé MIGNON fait remarquer que le Congrès de Reims, en 1894, avait déjà formulé des conclusions sur le même objet. On ne leur donna pas malheureusement un appui suffisant.

M. RAUGEL ajoute que le *Motu proprio* a aussi traité la question et propose de réimprimer le « Code juridique de la musique sacrée » dans le compte rendu du Congrès ; cette proposition est adoptée à une forte majorité.

M. PIRIO demande que l'on introduise dans les *conférences décanales* la lecture du *Motu proprio* sur la musique sacrée. Ce vœu est instamment recommandé à NN. SS. les Évêques.

M. VILLETARD demande l'institution de *Congrès réguliers diocésains* qui seraient préparés par des congrès *cantonaux* et *d'arrondissement*, eux-mêmes préparés par des *journées liturgiques interparoissiales*. Il y serait plus facile d'organiser dans la suite d'admirables congrès régionaux. M. Villetard alors propose la motion suivante :

Le Congrès émet le vœu que NN. SS. les Évêques veuillent bien favoriser, partout où ce sera possible, la réunion de congrès diocésains de chant grégorien et de musique religieuse ; et pour préparer ces congrès, encourager de tout leur pouvoir l'initiative de ceux qui seraient en mesure d'organiser des *journées liturgique interparoissiales*.

Adopté.

M. l'abbé Nolais, maître de chapelle de l'École Saint-Paul de Cherbourg, a fait par lettre la même proposition.

M. l'abbé Sabouret, dans une lettre fort judicieuse, invite le Congrès à déplorer la *mauvaise habitude* de s'attarder partout *aux messes de Du Mont*, alors que l'Édition vaticane offre des trésors dont l'utilisation aurait bientôt le succès artistique et religieux qu'ils méritent :

Vous savez qu'on a introduit les messes de Du Mont dans un certain nombre de livres liturgiques.

C'est *tout à fait regrettable*. Il résulte de là que dans un grand nombre de paroisses, on ne chante plus les chants communs des diverses messes pour les divers temps de l'année ou pour certaines fêtes.

On ne chante plus la belle messe du temps pascal, la belle messe des fêtes du Saint-Sacrement et de la Sainte Vierge, les *Kyrie, Sanctus* et *Agnus* du Carême, etc.

Le Congrès fera bien de déplorer le mauvais usage qui s'est établi en tant d'églises de ne pas chanter autre chose que les messes de Du Mont et de laisser de côté les autres messes qui renferment tant de beautés.

Si on chantait ces messes liturgiques, les offices seraient beaucoup plus intéressants.

On pourrait donc émettre le *vœu* qu'on chante pour la messe dominicale les diverses messes indiquées dans les livres liturgiques et qu'on ne se borne pas à chanter les messes de Du Mont.

Adopté.

M. Mugnier de Beauchamp envoie une communication au sujet des messes « d'œuvres », dont les conclusions sont pareillement adoptées.

Les personnes qui y dirigent des chants, et sont souvent des dames ou des religieuses, choisissent des cantiques inconnus, qu'elles font exécuter par des jeunes filles à leur service. — Or, ces cantiques ne disent rien et comme paroles et comme musique : les paroles prêtent souvent à double sens. On ne chante jamais, ou rarement, le *Credo* — ce qui se fait cependant dans les paroisses.

Ne pourrait-on pas à ces messes basses *imposer* d'abord le chant du *Credo* ? quoi de plus imposant quand il est chanté par la masse des fidèles ?

Ne pourrait-on pas réglementer le choix des cantiques ?

Dans certaines chapelles, les jours de fêtes ou quand des circonstances particulières le demandent, on chante la grand'messe, quelquefois en musique. Or, il arrive qu'à l'offertoire ces mêmes cantiques sont chantés, à 2 ou 3 voix, fatiguant ainsi l'auditoire et ne disant rien ; on les chante en français, le Saint-Sacrement étant même exposé !

Ne pourrait-on pas imposer des morceaux latins ? Le choix ne manque pas et l'office aurait un caractère plus grandiose.

M. Boutroux demande que les éditeurs fassent de grandes feuilles ou tableaux, destinés à remplacer les in-folio des lutrins, là où ils sont en usage.

Vœu relatif à l'impression de tableaux de chant destinés à la lecture collective.

La magnifique restauration du chant grégorien qui a été accomplie dans ces dernière années a entraîné une conséquence matérielle qui se trouve être défavorable à la bonne exécution du chant liturgique : c'est l'abandon des anciens antiphonaires ou graduels in-folio qui se posaient sur un lutrin, et où tous les chantres lisaient simultanément.

Ces livres, nécessairement rejetés, n'ont pu être remplacés par des livres semblables extérieurement, pour le format et les dimensions de caractères ou des notes, puisque l'on n'avait pas d'éditions définitives. On a donc pris l'habitude de mettre entre les mains de chaque personne qui chante un petit livre qu'elle lit à part. Il y a bien un directeur du chant qui indique rythme et nuances par de savants mouvements ; mais, au lieu de le regarder, chaque exécutant a les yeux fixés sur son livre, et chante comme s'il n'y avait aucune direction : quand le maître indique une *thésis* on chante tranquillement une *arsis* ; les attaques, au lieu d'être simultanées, sont successives ; les chanteurs suivent, *non passibus aequis*, celui d'entre eux qui a le plus d'assurance : si l'on s'arrête trop longtemps à une pause, le directeur peut encore hâter l'attaque ; mais il n'a aucun pouvoir pour empêcher d'attaquer trop tôt.

Cette description, bien entendu, ne s'applique pas aux chœurs bien formés ; mais ceux-ci ne sont pas les plus nombreux.

En somme, la lecture individuelle supprime presque complètement l'influence de celui qui dirige les chœurs composés de chanteurs médiocres ; tandis que si les mêmes chanteurs lisaient tous ensemble sur le même papier, les mouvements du directeur, placés dans le champ de la vision de tous les yeux dirigés vers ce papier, seraient bien aperçus et contribueraient efficacement à obtenir un rythme correct et de l'unité dans l'exécution.

Les livres portatifs, les petite feuilles volantes, qui ont, je crois, et il faut s'en féliciter, un succès croissant auprès du public, sont excellents pour le chant des fidèles, et ne sauraient être trop encouragés pour cette application ; mais pour le chant du chœur, il en est tout autrement.

Cependant il est encore impossible de remplacer les gros livres d'autrefois par des livres de même format, conformes à l'édition Vaticane, et il est bien probable qu'aujourd'hui qu'on en est déshabitué, des livres si volumineux et si lourds paraîtraient bien incommodes.

Mais ce qu'il serait facile de faire dès maintenant, pour l'usage spécial des chœurs de chant, ce sont des tableaux détachés, contenant chacun une seule ou deux pièces, tout entières sur une seule face, imprimées en notes et caractères assez gros pour pouvoir être lus par tout le chœur à la fois. Ces tableaux seraient collés sur une feuille de carton mince de manière à être suffisamment rigides. On les poserait sur un pupitre mobile. Pour huit à dix petits garçons rangés en arc de cercle, un tableau pourrait avoir 36 centimètres de haut sur 46 de large.

Ces tableaux seraient collectionnés et classés dans des cartons *ad hoc*. Ils joueraient à peu près le même rôle que les « petites feuilles grégoriennes », à cette différence près qu'ils seraient destinés à la lecture collective et non à la lecture individuelle.

On y imprimerait les chants destinés au chœur : chants du *Kyriale*, proses, antiennes à la Sainte Vierge, hymnes, chants des saluts, etc... On ne devrait jamais avoir à changer de tableau pendant l'exécution d'une pièce.

Avant chaque office, le maître de chœur réunirait tous les tableaux nécessaires et les placerait dans l'ordre voulu sur le pupitre. On éviterait ainsi les pertes de temps et les risques d'erreurs qui résultent ordinairement des recherches faites dans les livres au moment de l'execution.

Il semble inutile d'insister pour montrer que cette organisation matérielle permettrait d'obtenir, avec des chanteurs donnés, le maximum d'homogénéité et de correction dans le chant qu'on en puisse attendre.

Je propose donc au Congrès d'émettre le vœu que les maisons d'édition impriment des tableaux conformes à la description qui vient d'être donnée, en variant le format suivant le nombre des personnes qui doivent chanter ensemble.

Léon Boutroux,
Professeur à l'Université de Besançon

Sur cette motion, les avis sont partagés ; beaucoup craignent des difficultés d'ordre pratique auxquelles se heurteraient la réalisation de ce projet. Le Congrès ne s'est donc point prononcé sur cette question.

M. Bonnet rappelle que les *Archives des maîtres de l'orgue*, publiées par les soins d'A. Guilmant et Pirro, devraient se trouver sur le pupitre de tous les organistes.

M. le chanoine Laurent encourage ceux-ci à refuser énergiquement — à l'exemple de tel ou tel, à Paris même — de jouer à l'église tout morceau dont la place serait plutôt au théâtre ou au concert que dans le sanctuaire.

MM. Bellenot et Tremblay s'élèvent justement contre les *transcriptions* audacieuses qui dénaturent les œuvres des maîtres, en y *adaptant* des paroles diverses.

M. Letocart souhaite que les maîtres de chapelle de la région parisienne puissent se réunir plus souvent pour s'éclairer et se fortifier mutuellement dans la lutte contre la routine et autres moindres obstacles.

Enfin, pour clôturer ces superbes et réconfortantes assises des amis de l'art religieux, M. Gastoué annonce qu'il vient de recevoir de Rome une dépêche de Son Éminence le Cardinal Secrétaire d'État de Sa Sainteté, en réponse à l'adresse envoyée au Saint-Père, au nom des Congressistes, par le Comité d'initiative. Toute l'assistance se lève pour en écouter la lecture, qui est suivie d'applaudissements enthousiastes.

A Monsieur A. Gastoué, Directeur du Congrès parisien de musique sacrée, Membre de la Commission pontificale pour l'édition Vaticane du chant grégorien.

Saint Père, agréant volontiers hommage filial et dévouement Membres Commission pontificale Édition vaticane et Membres Congrès régional de chant grégorien et musique sacrée, réunis à Paris, les encourage à travailler restauration musique sacrée, envoie de tout cœur la bénédiction apostolique à vous-même, Congressistes et pour travaux.

CARDINAL MERRY DEL VAL,
Secrétaire d'État de Sa Sainteté.

Rectification. — M. l'abbé Em. Brune, maître de chapelle de la cathédrale de Saint-Claude, m'écrit pour rectifier un détail de mon étude sur l'*Adeste fideles* (voir page 57). Mgr Al. Grospellier n'a été que l'un des éditeurs de la mélodie d'un invitatoire du moyen âge appliqué au texte du cantique latin : cette adaption est due soit à Dom Gréa, de la même congrégation, soit au Chanoine Morelot, et est plus ancienne que la publication de Grenoble. M. l'abbé Brune l'avait déjà publiée en 1886, dans son recueil « Laudate pueri ». *Cuique suum.*

Publications de la "Tribune de Saint-Gervais", 269, Rue Saint-Jacques, Paris (Ve)

AUBRY (Pierre). L'idée religieuse dans la poésie lyrique et la musique française au moyen âge (les épitres farcies).	1 »
— L'inspiration religieuse dans la poésie musicale en France, du moyen-âge à la Révolution.	1 »
— Le rôle du Chant liturgique et sa place dans la civilisation générale du moyen âge.	1 »
AUDA (Antoine). L'école liégeoise au XIIe siècle : « l'Office de saint Trudon »	1 »
BORDES (Charles). De l'opportunité de créer en France un théâtre d'application, pour la reconstitution des anciens opéras français des XVIIe et XVIIIe siècles.	0 50
— Du sort de la musique religieuse en France devant les lois actuelles.	0 50
— Onze chansons du Languedoc.	1 »
En mémoire de Ch. Bordes, plaquette commémorative de d'Indy, A. Guilmant, C. Bellaigue, M. Brenet, A. Gastoué A. Pirro, P. Aubry, J. Tiersot, abbé Perruchot, F. de la Tombelle	1 »
BRENET (Michel). La musique dans les couvents de femmes, depuis le moyen-âge jusqu'a nos jours.	1 »
— La musique sacrée sous Louis XIV.	1 »
— Un règlement pour les enfants de chœur de la chapelle de Versailles (xviiie siècle).	0 50
— Additions inédites de Dom Jumilhac à son traité de « la Science et la Pratique du plain-chant » (1673).	5 »
— La Musique dans les processions.	1 »
— La plus ancienne méthode de musique. (Réimpression de l'« Art, science et pratique de plaine musique »).	1 50
CASTÉRA (René de). Dix années d'action musicale religieuse (1890 1900). Les Chanteurs de Saint-Gervais. La Schola Cantorum.	1 »
COCHIN (Henry). L'Ame flamande	1 »
COINDREAU (Pierre). Analyse des 17 Quatuors de Beethoven.	1 »
DURAND (Georges). Les orgues de la Cathédrale d'Amiens.	1 »
GASTOUÉ (Amédée). La Tradition ancienne dans le Chant byzantin.	1 »
— La Psalmodie traditionnelle des huit tons de l'office.	1 50
En mémoire de Guilmant, plaquette commémorative de F. de la Tombelle, J. de la Laurencie, A. Séricyx, A. Gastoué, G. Fauré, Ch. Malherbe.	1 »
HALLAYS (André). Racine, poëte lyrique.	0 75
HERMANN (J.). Impressions bénédictines de Semaine sainte et de Pâques.	1 »
INDY (Vincent d'). De Bach à Beethoven (2e édition).	0 75
— Une école de musique répondant aux besoins modernes.	0 75
LA LAURENCIE (Jean de). Le dernier logement de Beethoven (N.-D. de Montserrat), avec l'inventaire de la succession, des notes justificatives et 8 photogravures hors texte	2 »
LANGLOYS (Yves). L'éducation des enfants par la musique, d'après Platon. Epuisé.	2 »
LAPEYRE J. La Notation aquitaine et les origines de la notation musicale (d'après les anciens manuscrits d'Albi).	2 »
LA TOMBELLE (F. de). L'Oratorio et la Cantate.	1 75
— Les Concerts gratuits de la Schola	0 50
MARCETTEAU C. La logique du Rythme musical.	2 »
MAUTENS (Ch.). L'avénement du Seigneur (Oratorio de J. Ryelandt).	0 50
Mémoires de musicologie sacrée, lus aux Assises de la Schola de 1900, par A. Gastoué, P. Aubry, abbé Villetard, dom J. Parisot, Abbé Clerval, H. Quittard, A. Pirro.	1 50
L'Orgue de la Schola, souvenir de la cérémonie d'inauguration du grand orgue de la Schola (description, programmes, discours, cantate de Bach exécutée au cours de la cérémonie), un bel in-4º de 66 pages avec musique et illustrations.	5 »
PARISOT (Dom J.) La Musique orientale.	1 »
PEDRELL (Felipe). La Festa d'Elche ou le drame liturgique : Le trépas et l'assomption de la Vierge.	1 50
PEREYRA (M.-L.). Explication de la lettre qui est imprimée dans le 5e Livre de Madrigaux de Claudio Monteverdi.	0 75
S. S. PIE X. Motu Proprio, en forme d'instruction, sur la musique sacrée (Traduction et commentaire par A. Gastoué).	0 50
PIERRE (Constant). Notes inédites sur la musique de la Chapelle royale (1532-1790).	1 »
PIRRO (André). Les Organistes français du XVIIe siècle (Jean Titelouze, 1563-1633).	1 »
RAUGEL (Félix). Note sur l'instrumentation du Messie.	0 50
SÉRIEYX (Auguste) La Musique à l'Eglise	0 50
— Les trois Etats de la tonalité	1 »
SARTO (Cardinal) Lettre pastorale sur le Chant d'Eglise	0 50
TIERSOT (Julien). Etudes musicales sur le XVIe siècle (Elzéar Genêt, dit Carpentras) et la chanson « A l ombre dung buissonet.	1 »
TINEL (Edgar) La musique figurée à l'Eglise	0 50
— Pie X et la Musique sacrée.	0 75
R. P. J. DE VALOIS. En marge d'une antienne : le « Salve Regina » et son histoire.	2 50
Le « Salve Regina » dans l'ordre de Cîteaux	1 »